Christentum und Populismus

Christentum und Populismus

Klare Fronten?

Herausgegeben von Walter Lesch

HERDER

FREIBURG · BASEL · WIEN

MIX
Papier aus verantwortungsvollen Quellen
FSC® C083411
FSC
www.fsc.org

www.herder.de
Umschlaggestaltung: Finken & Bumiller, Stuttgart
Satz: Barbara Herrmann, Freiburg
Herstellung: CPI books GmbH, Leck
Printed in Germany
ISBN Print 978-3-451-37973-4
ISBN E-Book (PDF) 978-3-451-84973-2

Inhalt

Gemeinschaft

Exklusion und Gewalt

Differenzen kommunizieren

Vorwort

Die Idee zu diesem Buch entstand Anfang 2017 im Kontext der in verschiedenen Ländern intensiv geführten Debatten über Populismus, Rechtsextremismus und andere Krisenphänomene westlicher Demokratien. Seit 2016 waren das britische Brexit-Referendum und die Wahlkämpfe in den USA, in Österreich, in den Niederlanden, in Frankreich und in Deutschland nur einige markante Beispiele für neue politische Herausforderungen jenseits gewohnter politischer Machtkonstellationen. In dieser Situation der Verunsicherung sind nüchterne Analysen ebenso gefragt wie engagierte Diskussionsbeiträge. Es gibt bereits eine hilfreiche sozialwissenschaftliche Forschungsliteratur, die Klärung und Orientierung bietet und die dem schillernden Begriff des Populismus eine historische Tiefenschärfe gibt. Im Rahmen der aktuellen Kontroversen fällt auf, wie die christlichen Kirchen mit oft unmissverständlicher Schärfe gegen populistische Stimmungsmache und für ein Projekt aufgeklärter und toleranter Demokratie Partei ergriffen haben. Dieser Elan ist aus theologischer und ethischer Sicht nachdrücklich zu begrüßen und soll auf keinen Fall gebremst werden.

Die Beiträge dieses Buches haben die Absicht, die klare Positionierung gegenüber dem Populismus mit Argumenten zu untermauern und die Chance zu nutzen, einen selbstkritischen Blick auf „unheilige Allianzen“ zwischen Populismus und Religion zu werfen. Denn gerade Religionen sind nicht immun gegen populistische Muster der Sicht auf Politik und Gesellschaft. Wer sich dieser irritierenden Berührungspunkte bewusst ist, gewinnt an Glaubwürdigkeit und entdeckt neue Perspektiven der Weiterentwicklung seiner Überzeugungen.

Mein Dank gilt an erster Stelle den Autorinnen und Autoren, die sich auf einen sportlichen Zeitplan eingelassen haben und darüber hinaus bereit waren, die Gepflogenheiten akademischer Textproduktion nach Möglichkeit zugunsten der Kommunikation mit einem breiteren Publikum einzutauschen, ohne jedoch an der Fachkompetenz Abstriche zu machen. Der thematische Aufbau ergibt sich aus dem Versuch, ein diffuses Terrain durch Sondierungen und Probebohrungen zu erkunden und zu vermessen. Systematische Vollständigkeit wurde nicht angestrebt, wohl aber eine exemplarische Darstellung ausgewählter Probleme. Die berufliche Verankerung der Schreibenden in verschiedenen Ländern (Deutschland, Österreich, Schweiz, Niederlande, Belgien, Großbritannien und USA) dient ausdrücklich dem Zweck, über den deutschen Tellerrand hinauszuschauen.

Zu danken ist dem Verlag Herder, der schon seit einigen Jahren mit verschiedenen Publikationen zur kritischen Auseinandersetzung mit dem Rechtsextremismus und dessen Konsequenzen für die kirchliche Praxis und die theologische Reflexion ein Forum geschaffen hat. Clemens Carl hat im Lektorat das Projekt seit der ersten Ideenskizze mit kompetenten Kommentaren begleitet und wertvolle Beiträge zu seiner Präzisierung und Machbarkeit geliefert. Er war in allen Arbeitsphasen ein zuverlässiger und professioneller Gesprächspartner.

Bücher sind an ein neugieriges Publikum adressiert, das nach Anregungen auch abseits ausgetretener Pfade sucht. Wenn durch die Lektüre des Buches Gespräche von an der Zukunft freiheitlicher Demokratie interessierten Bürgerinnen und Bürgern innerhalb und außerhalb christlicher Milieus in Gang kommen, wäre ein wichtiges Ziel erreicht.

Louvain-la-Neuve, im Juni 2017 *Walter Lesch*

Problemanzeigen

Religion und Populismus: Blinde Flecken der Wahrnehmung

Walter Lesch

Hätten Religion und Populismus gar nichts miteinander zu tun und wären sie sogar sich wechselseitig ausschließende Optionen, so würden sich weitere Bemühungen um eine kritische Analyse ihres Verhältnisses erübrigen. Das schwer zu fassende Phänomen des Populismus[1] ist seit einigen Jahren wieder verstärkt in den Blick geraten und wurde trotz seiner unzureichenden analytischen Schärfe zu einem Sammelbecken für die Beschreibung und Verurteilung politischer Tendenzen, die mit vereinfachenden Parolen und unter Berufung auf die von ihnen artikulierte „Stimme des Volkes" gegen Fremde und gegen das Establishment in Staat und Gesellschaft Stimmung machen. Aus der Perspektive einer sich für überlegen haltenden Vernunft sind Populisten immer die anderen, denen es an Urteilsvermögen und Augenmaß fehlt und die mit dem Feuer der leichtfertig entfachten Leidenschaften spielen. Falls Populismus und Religion aber doch in Berührung geraten, dann kann es sich nach dieser selbstsicheren Vorverurteilung nur um ein Missverständnis, um eine peinliche Nähe oder um eine böswillige Vereinnahmung handeln: also letztlich um eine Instrumentalisierung religiöser Beweggründe durch raffinierte Verführer.

Die Dinge scheinen aber komplizierter zu sein. Die klare Grenzziehung zwischen Religion und Populismus funktioniert nämlich nur, wenn wir es auf der einen Seite mir einer aufgeklärten, toleranten, weltoffenen und politisch sensiblen Vernunftreligion zu tun haben, auf der anderen Seite mit blindem Hass oder mit einer leicht durchschaubaren Strategie der Volksverdummung, der sich im günstigsten Fall mit der Kraft guter Argumente gegensteuern lässt. Doch auf beiden Seiten sind Differenzierungen anzubringen, da es weder die Standardform von Populismus noch ein von allen geteiltes Verständnis von Religion gibt. Die These, dass Christentum und Populismus aus normativen Gründen unvereinbar seien, hat mit dem empirischen Befund umzugehen, dass es zwischen religiösen und politischen Überzeugungen vielfältige Berührungen und Kombinationsmöglichkeiten gibt. So wäre zum Beispiel Donald Trump ohne die Stimmen von Angehörigen aller Religionsgemeinschaften nie Präsident geworden. Der Verweis auf die besondere Unterstützung durch weiße evangelikale Christen genügt nicht zur Beruhigung des Gewissens derer, die gerne an eine geringere Empfänglichkeit katholischer Wähler glauben möchten.

Mit der konfessionsspezifischen Aufteilung der Schuldzuschreibungen sind wir bereits mitten in einem Rückzugsgefecht, das einer detaillierten wissenschaftlichen Analyse nicht standhalten kann. Deshalb soll hier ein zweiter Blick auf irritierende Zusammenhänge riskiert werden, der sich nebenbei als selbstkritischer Beitrag zur grundsätzlichen Auseinandersetzung mit dem Themenfeld Religion und Demokratie empfiehlt. Man könnte ja auch mit der Annahme einer strikten Trennung zwischen politischem Engagement und religiösen Überzeugungen arbeiten. Religion hätte demnach in der öffentlichen Arena des politischen Streits nichts zu suchen und wäre ausschließlich in der Privatsphäre der Bürger verankert. Doch diese Hypothese sich nicht berührender Parallelwelten wird ja gerade durch die praktischen Erfahrungen widerlegt, die auf vielfältige Verflechtungen und

Einflussnahmen hindeuten. Die Frage nach dem Verhältnis von Christentum und Populismus ist nicht zuletzt auch eine Wiederaufnahme von immer noch aktuellen Kontroversen über die Legitimität der Verknüpfung von politischen und theologischen Kategorien. Dazu sollte auch die Bereitschaft gehören, in die Abgründe der eigenen Tradition zu schauen und die populistischen Irritationen in verschiedenen Ausdrucksformen des Christentums zur Kenntnis zu nehmen, die sich nicht auf eine einzige Idealform theologischer Rationalität reduzieren lassen.

1. Eine irritierende Herausforderung

Wo christliche Kirchen und Theologien sich auf die Begegnung mit aufklärerischer Religionskritik eingelassen haben, konnten sie in einem Prozess nachholender Modernisierung ihren Frieden mit Menschenrechten, Demokratie und Pluralismus machen und so ihre öffentliche und zivilgesellschaftliche Verantwortung neu definieren. Für die konservativen Kritiker dieser Entwicklung ist dies bis heute eine unangemessene Anpassung an den säkularistischen Zeitgeist geblieben, der seinerseits intolerant gegenüber allen sei, die sich außerhalb des Horizonts eines liberalen Politikverständnisses bewegen. Wenn Liberalität sich auch im christlich motivierten Eintreten für eine offene Gesellschaft konkretisiert, dann ergeben sich in der Tat Konflikte mit all denen, die von den positiven Aspekten multikultureller Toleranz und der Ausübung individueller Freiheitsrechte nicht überzeugt werden konnten.

Aus der Sicht populistischer Protestbewegungen wird die wohlgeordnete Diskurswelt parlamentarischer Verfahren in einer repräsentativen Demokratie als naiv und realitätsfern empfunden. Wer sich den Luxus einer liberalen Gesinnung leisten könne, sei oft weit weg von den Emotionen und Nöten der „kleinen Leute“, die sich von den Herausforderungen einer immer komplexer und unberechenbarer werdenden Welt bedroht fühlen. Die vermeintliche Vernunft liberaler Politik[2] blende die realen Konflikte aus und führe in eine Sackgasse, aus der nur der Aufstand der bisher schweigenden Mehrheit herausführe.

Mit dem Kampfbegriff „Populismus“ hat die politische Agenda ein Thema mit hohem Erregungspotenzial gefunden, angesichts dessen immer klarer wird, dass ein einfaches „weiter so“ die unter Legitimationsdruck geratenen Denkmuster und Regeln in Politik und Gesellschaft nicht auf Dauer retten kann. Populismus hat stets das Doppelgesicht einer Bedrohung und einer Verjüngungskur der Demokratie. Mit dieser Ambivalenz müssen auch Religionen umgehen, die bis vor gar nicht so langer Zeit noch damit beschäftigt waren, sich überhaupt erst mit den Gepflogenheiten demokratischer Strukturen zu arrangieren, und nun nach einer angemessenen Reaktion auf die offenkundige Krise der politischen Rahmenordnung suchen müssen.

2. Definitionsprobleme

Um Missverständnissen vorzubeugen: Es ist nicht beabsichtigt, unerträgliche Gegensätze durch endloses Abwägen so zu verwässern, dass klare Stellungnahmen unnötig erschwert werden. In der politischen Arena sind gefährliche Absichten mit Nachdruck als solche zu entlarven und zu verurteilen. Ein allzu idyllisches Politikverständnis des geduldigen Diskutierens hilft nicht weiter, wenn fundamentale Rechte etwa durch die Hetze gegen Fremde ganz akut auf dem Spiel stehen. Viele Freiheitsgewinne verdanken wir schließlich mehr dem mutigen Kampf organisierter Basisbewegungen als der einfachen Umsetzung konsensfähiger Prinzipien. Insofern ist durch die als populistisch eingestuften Protestgruppen die polarisierende Konflikthaftigkeit von Politik neu zur Geltung gebracht worden. Allerdings präsentiert sich ein populistischer Politikstil nur selten mit einer kohärenten Ideologie. Seine Inszenierung des Gegensatzes von Volk und Elite kann mit unterschiedlichen Programmen kombiniert werden, die sowohl am extrem rechten als auch am extrem linken Rand politischer Theorie zu finden sind. Im deutschsprachigen Kontext steht aktuell in erster Linie der Rechtspopulismus im Blickfeld. In anderen Ländern, beispielsweise in Lateinamerika, haben linkspopulistische Politiker den Sprung in die Regierungsverantwortung geschafft.

Die ideologische Kombinierbarkeit mit den unterschiedlichsten „Wirtsideologien" teilt das diffuse Populismus-Syndrom mit den meisten Religionen, die ja auch nicht im parteipolitischen Sinn auf eine eindeutige konservative, liberale, sozialdemokratische, linke oder grüne Programmatik festzulegen sind.[3] Wir sollten nicht vergessen, dass diese Pluralisierung erst ein Ergebnis jüngerer Entwicklungen ist, die es möglich gemacht haben, Ansätze einer als christlich verstandenen Politik mit den Anliegen aller etablierten Parteien vereinbaren zu können. Der Populismus stört nun diesen Frieden einer Konsensgesellschaft, die eine rote Linie ziehen möchte, um extremen Ansichten die Berechtigung zur Koalitionsfähigkeit abzusprechen. Wenn es dennoch Überschneidungen gibt, dann werden sie als Versuch einer perfiden Instrumentalisierung von Religion durch populistische Strategen zurückgewiesen.

Mit dieser Irritation spielt der belgische Regisseur Lucas Belvaux in seinem Film *Chez nous*, der im Frühjahr 2017 im

Vorfeld der französischen Präsidentschaftswahl für Kontroversen sorgte. Er erzählt die Geschichte einer freiberuflichen Krankenschwester in einer maroden nordfranzösischen Kleinstadt. Die junge Frau, einfühlsam, sozial engagiert, jedoch parteipolitisch uninteressiert, wird als Sympathieträgerin bei bevorstehenden Wahlen für einen Listenplatz einer rechtsextremen Partei auserkoren, die unschwer als eine Karikatur des *Front national* zu erkennen ist. Die unerfahrene Kandidatin wird von einer in Kommunikationsangelegenheiten versierten Expertin gecoacht, die mit der Frage überrascht: „Bist du praktizierende Katholikin?" Das könne für die Kampagne ein Plus sein, um ein bestimmtes Segment der konservativen Wählerschaft zu erreichen. Doch die allen Klischees widersprechende Jungpolitikerin erklärt, sie sei als Tochter militanter Kommunisten ohne Religion aufgewachsen. Die Komik des Films ergibt sich aus einem Spiel mit Stereotypen, zu denen ganz beiläufig auch die mögliche Allianz von Katholizismus und Rechtspopulismus gehört. Fast hört man das Aufatmen derer, die sich gerade durch eine solche Kombination verletzt gefühlt hätten. So blieb es bei der Empörung von FN-Funktionären, die den Film als propagandistische Einmischung in den Wahlkampf kritisierten.

2002 hatten sich die katholischen Bischöfe Frankreichs noch unmissverständlich gegen eine Stimmabgabe für Jean-Marie Le Pen in der Stichwahl ausgesprochen. 2017 waren sie bei der Entscheidung zwischen Marine Le Pen und Emmanuel Macron viel zurückhaltender, da der liberale Macron manchen konservativen und reaktionären Katholiken ein Dorn im Auge ist. Bei der Mobilisierung der Öffentlichkeit für die Bewegung *Manif pour tous* gegen die Öffnung der Zivilehe für homosexuelle Paare (2013) spielten katholische Kreise in Verbindung mit der politischen Rechten eine wesentliche Rolle.

Die Ambivalenz der Reaktionen auf den Populismus soll durch zwei Sichtweisen veranschaulicht werden: zunächst durch die klaren Fronten, die aus einer kompromisslosen Position der Unvereinbarkeit von Christentum und Rechtspopulismus resultieren, sodann durch die strukturellen Ähnlichkeiten zwischen Populismus und Religion, aus denen sich unbequeme Anfragen an die Glaubwürdigkeit der Abgrenzung ergeben.

3. Klare Fronten

Die klare Kante im Umgang mit Populisten wird überall dort moralisch und politisch geboten erscheinen, wo es gegen menschenverachtende und gewalttätige Praktiken einzuschreiten gilt. Sofern gewaltbereite Fremdenfeindlichkeit und militanter Nationalismus zum Markenkern rechtsextremer Gesinnung gehören, ist es ganz einfach eine Frage des politischen Anstands, diese Tendenzen unmissverständlich zu verurteilen, und zwar unabhängig von den eigenen weltanschaulichen Hintergründen. Das Christentum hat kein Monopol auf kosmopolitische Weltoffenheit und auf Gesten der Willkommenskultur. Dennoch ist es keineswegs banal, wenn christliche Stimmen in Fragen von Migration und Asyl sowie in der Europapolitik besonders deutlich zu hören sind. Hier hat bereits eine öffentliche Verantwortungsübernahme stattgefunden, insofern die christlichen Kirchen sich durch ihre wichtigsten Repräsentanten als Anwälte einer möglichst großen Aufnahmebereitschaft gegenüber Flüchtenden, als Akteure interreligiöser und interkultureller Verständigung und als Sympathisanten der europäischen Integration präsentieren. Im Klartext heißt das, dass Parteien, die diesen wichtigen Anliegen widersprechen, für Christen eigentlich nicht wählbar sind. Es gibt andere Politikbereiche, in denen die kirchlichen Haltungen weniger eindeutig ausfallen. Ist das Christentum mit seinen migrations- und europapolitischen Diskursen politisch nach links gerückt? Hat es die diskrete Option einer unauffälligen Übereinstimmung mit selbstverständlichen demokratischen Gemeinsamkeiten aufgegeben, um Teil eines organisierten Kampfs gegen den rechtsextremen Druck zu werden?

Nun ist es ja nicht so, als habe es nicht immer schon kirchliche Interventionen in den politischen Raum gegeben. Die Schnittmengen zwischen diesen Voten und den Positionen einzelner Parteien waren mehr oder weniger groß. Dabei gab es im Laufe der Zeit immer weniger prinzipielle Unverträglichkeiten. In der Abgrenzung vom Rechtspopulismus[4] ist jedoch eine neue Entschiedenheit zu erkennen, die bis zu wechselseitigen „Exkommunikationen" reicht. Kirchen fordern zum Boykott einer rechtsextremen Partei auf, worauf diese Partei ihre Mitglieder zum Kirchenaustritt aufruft.[5] Was aus christlicher Sicht eine Frage der Glaubwürdigkeit ist, provoziert auch bei den kritisierten Personen eine Haltung der radikalen Konfrontation.

Der Klärungsprozess im Umgang mit unerträglicher Radikalisierung ist zu begrüßen, sofern er Orientierung bietet und die Diskussion in der Gesellschaft voranbringt. Allerdings werden diese klaren Fronten nicht von allen Betroffenen akzeptiert, da hier unterschiedliche Auffassungen von christlicher Verantwortung aufeinanderprallen. Ein Blick auf die fundamentalistischen Ränder des Christentums mit fremdenfeindlichen und nationalistischen Haltungen zeigt, dass solche Differenzen zu den unvermeidlichen Spannungen in einer Religionsgemeinschaft gehören, die in der Regel die Mitgliedschaft ja nicht an eine ganz bestimmte politische Gesinnung knüpft. Es wäre also zu klären, ob der Punkt, an dem sich Mitglieder ins Abseits begeben, ganz exakt zu bestimmen ist. Wenn sich die katholische Kirche intern mit traditionalistischen Gruppierungen wie der Piusbruderschaft meint arrangieren zu müssen und zeitweise den Kontakt zu Holocaust-Leugnern in diesem Umfeld nicht scheute, ist sie auf dem zivilgesellschaftlichen und politischen Parkett im Kampf gegen Rechts nicht über jeden Zweifel erhaben.

4. Ererbte Lasten und Berührungspunkte

Es gibt eine Reihe struktureller Ähnlichkeiten zwischen dem Habitus kirchlicher Selbstbehauptung und politischen Bekenntnissen weit rechts von der Mitte. Mit dem Hinweis auf diese historisch nicht verwunderliche Nähe soll keineswegs die alte religionskritische Strategie bedient werden, das Christentum unter ideologischen Generalverdacht und am besten gleich in die rechte Ecke zu stellen. Eine solche Vorgehensweise wäre unfair, da sie geschichtliche Lernprozesse unterschlägt, durch die sich das Verhältnis von vermeintlich progressiver Religionskritik und vermeintlich reaktionärer Religion erheblich gewandelt hat. Dennoch ist es eine Frage der Redlichkeit, genau jene Phänomene in den Blick zu nehmen, die einer glaubwürdigen Abgrenzung von rechtspopulistischen Positionen im Wege stünden, wenn sie auf Dauer bagatellisiert würden. Die folgende Liste hat keinen Anspruch auf Vollständigkeit und soll auch keine Anklage sein, die ohnehin denen nicht gerecht wird, die durch ihre christlich motivierte Praxis längst beweisen, dass sie mit religionsgeschichtlichen Altlasten umzugehen verstehen.

- Kirchen waren nicht immer ein Musterbeispiel demokratischer Mitbestimmung. Die Anerkennung der Prozeduren und Verfahren des demokratischen Rechtsstaats als Rahmenordnung für die Religionsausübung und als Anreiz für eine interne Demokratisierung ist recht jungen Datums und hat noch weitere Schritte vor sich.

- Kirchliche Lehren pflegen einen mit modernen Freiheitsvorstellungen nicht immer vereinbaren Umgang mit Autoritätsansprüchen in den Bereichen von Glaubensdoktrin und Lebensführung und stehen in Spannung zu dem heute auch von Christen praktizierten Ideal individueller Selbstverantwortung. Die Alltagsmoral der Gläubigen hat sich längst von skurrilen Nachhutgefechten einiger Kirchenfunktionäre emanzipiert.
- In konservativen kirchlichen Kreisen werden immer noch traditionelle Auffassungen von Familienbildern und Geschlechterrollen transportiert, die von weiten Teil der Gesellschaft nicht mehr akzeptiert werden. Da sich diese Themen aber auch auf der Agenda antimodernistischer Strömungen in der Politik wiederfinden, besteht Diskussionsbedarf, um problematische Koalitionen zu vermeiden.
- Das Christentum kennt aus seiner langen Geschichte die Diskrepanz zwischen Ausdrucksformen der Volksreligiosität und den Elitediskursen von Kirchenleitung und von Theologie. Aus der Sicht der „einfachen Leute" haben sich unverständliches „Theologengeschwätz" und der Jargon mancher Kirchenfürsten von den existenziellen religiösen Fragen der Menschen und von deren spirituellen und rituellen Bedürfnissen abgekoppelt. Auf der anderen Seite gibt es bei manchen Gläubigen die Sehnsucht nach einem Identitätskern, der je nach Präferenzen mit mehr oder weniger Weihrauch, lateinischen Gesängen, strengen Normen und absoluten Wahrheiten ausgestattet wird.
- Obwohl sich das Christentum nicht in erster Linie als ein sozialpolitisches Programm der Weltverbesserung versteht, hat es eine starke Neigung zum moralisierenden

Blick auf das Weltgeschehen und zur Bewertung von Unrecht und Ungleichheit. Es thematisiert die Ängste der vom Fortschritt Vergessenen und sieht sich als Anwältin von Globalisierungsverlierern. Mit einer damit verbundenen Kritik am Kapitalismus exponieren sich Christen in genau den Bereichen, die auch Anlässe populistischen Protests sind.

- Die Geschichte des Christentums verfügt über ein Repertoire von Narrativen, mit denen sich Heilsversprechen ebenso wie Prophezeiungen des Unheils und düstere apokalyptische Szenarien ausdrücken lassen. Diese Narrative können auch populistisch aufgegriffen werden und entsprechende Stimmungen auslösen oder verstärken.
- Religionen haben insgesamt eine reiche Erfahrung mit irrationalen Dimensionen individuellen und kollektiven Handelns und sind, sofern sie sich den Herausforderungen der Aufklärung gestellt haben, auf einem Niveau von Selbstreflexivität angekommen, das sie zu interessanten Gesprächspartnern macht, wenn es um den Umgang mit populistischen Vereinfachungsstrategien geht.

Die skizzierten Probleme stehen exemplarisch für die Bereiche, in denen Überheblichkeit im Umgang mit missliebigen Störungen der liberalen Konsenskultur fehl am Platze wären. Religionen sind als kulturelle und gesellschaftliche Phänomene so ambivalent wie populistische Programme der Welterklärung und Politik. Das bedeutet nicht, dass sie auf eine Stufe gestellt werden sollten. Die irritierenden Affinitäten könnten jedoch neue aufklärerische Impulse freisetzen und die Überzeugungskraft politischer Argumente stärken.

5. Baustellen: Zu den Themenfeldern dieses Buches

In diesem Buch kann die Fülle der möglichen und nötigen Analysen nur mit ersten Sondierungen durchgeführt werden, nicht zuletzt als Anregung für weitere Untersuchungen. Folgende Baustellen werden in den Beiträgen zur Sprache kommen.

Den Auftakt macht im Anschluss an diese Einführung *(Walter Lesch)* eine doppelte Problemanzeige: einerseits die harte Abgrenzung zum Populismus in seiner neorechten Spielart *(Hans Schelkshorn)*, andererseits die Notwendigkeit eines selbstkritischen Umgangs mit dem „Volk" als theologischem Topos, der seinerseits populistische Züge haben kann, aber nicht muss *(Gerhard Kruip)*. Die weiteren Beiträge verteilen sich auf Sektionen, in denen exemplarisch die Schwerpunkte der populistisch uminterpretierten Ideale einer offenen Gesellschaft diskutiert werden. Zunächst geht es um die Infragestellung herkömmlicher Verfahren repräsentativer Demokratie durch Referenden und Volksbewegungen gegen die etablierten und angeblich korrupten Eliten auf der Ebene der Nationalstaaten und Europas *(Daniel Bogner, Wolfgang Palaver, Christof Mandry)*. Die Beiträge der nächsten Sektion widmen sich der Wiederbelebung eines Gemeinschaftsgefühls gegen die Anonymität und Kälte einer Gesellschaft, in der sich viele Mitglieder missachtet, ohnmächtig oder gar vergessen fühlen *(Marianne Heimbach-Steins, Walter Lesch)*. Dabei kommt der Profession Sozialer Arbeit wegen ihrer Nähe zu den betroffenen Menschen besondere Bedeutung zu *(Andreas Lob-Hüdepohl)*. Im nächsten Schritt weitet sich der Blick auf die latente oder offene Gewalt gegen alles Fremdartige, das als Bedrohung empfunden wird und zur Zielscheibe von Islamophobie, autoritärer Gesinnung und offenem oder latentem Rassismus wird *(Christoph Baumgartner, Michelle Becka, Hille Haker)*. Schließlich werden Erfahrungsfelder betrachtet, in denen es um den

Umgang mit Differenzen geht sowie um die Anerkennung von historischen Verbindlichkeiten, erkämpften Emanzipationsstandards und Wahrheitsverpflichtungen *(Christian Staffa, Regina Ammicht-Quinn, Michael Hoelzl)*. Ein kurzer Ausblick fasst mögliche Perspektiven für die weitere Diskussion zusammen *(Walter Lesch)*.

6. Zivilgesellschaftliche Verantwortung

Aus den bisherigen Auseinandersetzungen mit dem Populismus haben sich einige Erwartungen an mögliche Denk- und Handlungsperspektiven ergeben, die auf verschiedenen Ebenen angesiedelt sind. Am einfachsten wäre die klare Anlehnung, die mit dem Gefühl moralischer Überlegenheit verbunden ist. Oft ist dann aber zu hören, dass es gerade aus christlicher Sicht nicht verantwortbar sein, das Gespräch abzubrechen. Vielmehr sei es geboten, den verirrten Schafen nachzugehen. Dieser pastorale und paternalistische Vorsatz ist in der Logik einer inklusiven Glaubensgemeinschaft nachvollziehbar, wird aber wohl auf Grenzen der Dialogbereitschaft bei allen Betroffenen stoßen. Der intellektuelle Anspruch auf die Überzeugungskraft von Argumenten wird nicht müde werden, die neuralgischen Punkte des Dissenses immer wieder zu bearbeiten: die moralische Problematik von Fremdenfeindlichkeit, Rassismus, Gewaltbereitschaft und nationalistischer Arroganz.

Der Disput muss sich vor allem auf den Umschlagpunkt von einer Berufung auf die bisher überhörte „Stimme des Volkes“ („*Auch wir* sind das Volk“) in eine undemokratische Ausgrenzung Andersdenkender („*Nur wir* sind das Volk“) konzentrieren. Die politischen Fronten verlaufen nämlich unter populistischen Vorzeichen weniger entlang des alten

Gegensatzes von rechts und links als zwischen liberalen und illiberalen Weltbildern. Wenn der Pluralismus auf der Anklagebank ist, wenn erreichte Menschenrechtsstandards ausgehöhlt werden und wenn wissenschaftliche Expertise dem Spott freigegeben ist, dann steht eine aufgeklärte Religion auf der Seite der Opfer einer solchen Hetze. In der Konfrontation mit dem Populismus und in Kenntnis der populistischen Abgründe ihrer eigenen Geschichte haben Religionen die Chance, ihrer Verantwortung in der Zivilgesellschaft gerecht zu werden. Das alles ist verbunden mit dem (frommen) Wunsch, dass Religion vernünftig sein möge, und mit der nüchternen Einsicht, dass sie dies nicht immer ist. Falls sie es prinzipiell gar nicht erst sein will und mit jeder Art von Streitkultur fremdelt, sollte sie sich lieber von der Politik fernhalten.

Wider die Instrumentalisierung des Christentums

Zur Unvereinbarkeit von neorechter Ideologie und christlicher Moral

Hans Schelkshorn

Durch den Aufstieg rechtspopulistischer Parteien steht heute in den Kernstaaten der westlichen Welt der demokratische Rechtsstaat in Frage. Der überraschende Wahlsieg von Donald Trump hat selbst die republikanischen Grundfesten der USA erschüttert. Im heterogenen Spektrum neorechter Bewegungen sind Christ(inn)en keineswegs unbeteiligte Zuschauer. Der Front National wird von ultrakonservativen katholischen Kreisen unterstützt. In der AfD engagieren sich sowohl konservative Katholik(inn)en als auch evangelikale Protestant(inn)en. Angesichts der Bedrohungen durch den politischen Islam haben sich inzwischen in zahlreichen europäischen Ländern Christ(inn)en und Neorechte zur „Verteidigung des christlichen Abendlandes" vereint.

Der Geist neorechter Ideologie hat bereits seit Längerem die Grenzen rechtspopulistischer Parteien überschritten. In jüngster Zeit ist mit Viktor Orbán ein Christdemokrat zur neuen Leitfigur neorechter Bewegungen aufgerückt; auch in Polen ist mit der PiS eine „nationalkonservative" Regierung an die Macht gelangt. Obwohl inzwischen sowohl gegen Polen als auch gegen Ungarn jeweils ein Verfahren zur Sicherung des Rechtsstaatlichkeitsprinzips gemäß Art. 7 des EU-Vertrags eingeleitet worden ist, können Viktor Orbán und Jaroszlaw Kaczyński auf eine beinahe vorbehaltlose Unterstützung durch den katholischen Episkopat zählen. Teile der reformierten Kirche sympathisieren in Ungarn sogar mit der rechtsextremen Jobbik-Partei.

In der medialen Öffentlichkeit, aber auch in den Sozialwissenschaften werden neorechte Parteien zumeist unter dem schwammigen Begriff des „Populismus" thematisiert. „Populismus" gilt weithin als eine Politik ohne feste Ideologie, die sich jeweils den schwankenden Stimmungen des „Volkes" anpasst, Ressentiments gegenüber den Eliten und Fremden mobilisiert und einfache Lösungen für komplexe Probleme anbietet. Das Bild eines ideologiefreien Populismus verharmlost jedoch in gefährlicher Weise die politische Agenda neorechter Parteien, die auf eine Aushöhlung bis hin zur Abschaffung liberaler, d. h. rechtsstaatlicher Demokratie abzielt. Mit seiner Proklamation eines „illiberalen Staates" spricht Viktor Orbán nur in aller Offenheit aus, was neorechte Parteien über alle Differenzen hinweg ideologisch verbindet. Vor diesem Hintergrund stellt sich am Beginn des 21. Jahrhunderts für die Christ(inn)en in Europa die bedrängende Frage nach dem Verhältnis zwischen neorechter Ideologie und christlicher Moral.

1. Zur ideologischen Matrix der Neuen Rechten

Trotz aller inhaltlichen Differenzen liegt neorechten Parteien eine gemeinsame ideologische Matrix zugrunde, deren Elemente bereits in früher Zeit von Alain de Benoist, dem Begründer der Nouvelle Droite in Frankreich, entwickelt worden sind. Die Neue Rechte muss sich nach Alain de Benoist von zwei Dogmen des alten Faschismus befreien, nämlich der Option für eine gewaltsame Beseitigung der Demokratie und der Ideologie des biologischen Rassismus, der die

Menschheit in Herrenrassen und Untermenschen einteilt.[1] Im Gegensatz zum Faschismus der 1930er Jahre strebt nach de Benoist die Neue Rechte eine radikale Reform der Demokratie an und ersetzt den alten Rassismus durch einen Ethnopluralismus. Die Welt ist nach de Benoist ein Pluriversum raumgebundener Ethnien und Kulturkreise, die in gleichberechtigter Koexistenz zueinander stehen. Imperialismus- und Globalisierungskritik sind folglich nicht länger ein Monopol linker Gesellschaftskritik, sondern ein Kernstück neorechter Politik.

Die Erneuerung der Demokratie muss sich nach Alain de Benoist am Modell der direkten Demokratie der Antike orientieren, die auf einem homogenen ethnischen Fundament aufruhte. Tatsächlich hatte Perikles, worauf de Benoist ausdrücklich hinweist, 451 v. Chr. das Gesetz erlassen, dass athenischer Bürger nur sein kann, wer sowohl väterlicher- als auch mütterlicherseits von Athenern abstammt.[2] In diesem Sinn muss nach de Benoist auch heute die Demokratie wieder in eine Gemeinschaft von Bürgern umgewandelt werden, die durch eine gemeinsame Abstammung miteinander verbunden sind. Die Ideologie vorstaatlicher Menschenrechte, die nach de Benoist ein Produkt des Christentums und der Aufklärung ist, habe hingegen die Menschen aus den tragenden organischen Gemeinschaftsformen herausgelöst. Der moderne Liberalismus, der ideologische Hauptfeind, ist daher für de Benoist bloß eine Säkularisierung des christlichen Individualismus und Universalismus. Zusammenfassend hält de Benoist somit fest: „Die antike Demokratie gründet sich auf die Idee der organischen Gemeinschaft, die moderne [Demokratie] als Erbin des Christentums und der Aufklärung stützt sich dagegen einzig auf das Individuum. In beiden Fällen erhalten die Begriffe ‚Stadt', ‚Volk', ‚Nation', ‚Freiheit' einen ganz anderen Sinn."[3]

Die „organische Demokratie“, die sich weder auf das abstrakte Individuum noch auf die Menschheit, sondern allein auf die homogene Volksgemeinschaft bezieht, kann nach de Benoist am besten mit der Idee der Brüderlichkeit umschrieben werden, die allerdings von christlichen bzw. transnationalen Elementen gereinigt werden muss. „Die Heimat ist der natürliche Rahmen der Brüderlichkeit, jedesmal wenn diese unsere Pflichten gegenüber denen ausdrückt, die mit uns ein gemeinsames Erbe teilen.“[4]

Das Ziel einer neorechten Politik ist nach de Benoist der Rückbau der menschenrechtlich fundierten, pluralen Demokratie in eine ethnische Bürgergemeinschaft. Denn die Kraft einer Demokratie hängt von der „Existenz eines relativ homogenen Volkes“ ab. „Je enger sich die Mitglieder einer Gemeinschaft verbunden fühlen, desto eher haben sie die gleichen Gefühle, die gleichen Werte, die gleiche Art, die Welt zu sehen und die sozialen Beziehungen aufzufassen, desto leichter können sie kollektive Entscheidungen treffen, die zum Gemeinwohl beitragen, ohne auf eine Vermittlung angewiesen zu sein.“[5] Zu diesem Zweck schlägt de Benoist verschiedene Instrumentarien vor, die inzwischen zum Arsenal neorechter Parteien gehören: Stärkung direkter Demokratie durch Referenden, Schwächung der Gewaltenteilung und der Richterdemokratie, konkret des Verfassungsgerichts; Stärkung des kulturellen Zusammenhalts der Ethnie bzw. nationalen Gemeinschaft durch eine offensive Kulturpolitik.

Nach dem Front National hat 1986 Jörg Haider die Ideen von de Benoist aufgegriffen. „Wird aber Politik nicht auf ethnischen Prinzipien aufgebaut, dann hat“ – wie Haider programmatisch verkündete – „die Menschheit überhaupt keine Zukunft.“[6] Die Staatsbürgerschaft beruht auf dem Abstammungsprinzip; der linken Berufung auf die Menschenrechte wird das „Recht auf Heimat“ entgegengehalten.[7] Der Slogan des Ausländervolksbegehrens der FPÖ von 1993 „Österreich zuerst" hat inzwischen zahllose Nachahmungen gefunden, bis hin zu Donald Trumps „America first".

Parteiprogramme bilden eine politische Philosophie niemals eins zu eins ab. Dennoch kann de Benoists Konzept der Nouvelle Droite als ideologische Matrix angesehen werden, die neorechte Bewegungen trotz aller Unterschiede miteinander verbindet. Denn das Konzept einer „organischen Demokratie" eröffnet einen weiten Freiraum, in dem Fragen der „nationalen Identität" je nach Land und Region unterschiedlich bestimmt werden können. Aus diesem Grund können neorechte Parteien aus dem breiten Spektrum nationalistischen und antidemokratischen Denkens, das seit dem 19. Jahrhundert und vor allem in der Zwischenkriegszeit entstanden ist, schöpfen. Aus welchen Quellen auch immer die nationale Identität bestimmt wird, eine Sache steht außer Streit: Neorechte Parteien passen sich nicht einfach den schwankenden Stimmungen des Volkes an, sondern legen jeweils selbst vorweg fest, was „der" Wille „des" Volkes zu sein hat und vor allem wer zum Volk, d. h. der definierten ethnischen Gemeinschaft, gehört.

2. Kritik der ideologischen Synthese zwischen neorechter Ideologie und Christentum

Obwohl Alain de Benoist die liberale Idee der Menschenrechte als eine Säkularisierung christlicher Moral zurückweist, haben sich bereits seit Längerem Allianzen zwischen christlichen Gruppen und der Neuen Rechten gebildet. Eine neorechte Politik im Namen des Christentums muss jedoch eine Identität zwischen ethnischer Nation und einer homogenen christlichen Gesellschaft unterstellen. Darüber hinaus bilden antiliberale bzw. antimodernistische Traditionen in evangelikalen und konservativ-katholischen Kreisen ideologische Brücken für aktuelle Allianzen zwischen Christentum und der Neuen Rechten.

Das spektakulärste Beispiel für eine neorechte christliche Politik ist ohne Zweifel Viktor Orbáns Umbau des ungarischen Staates. Mit einer Stimmenmehrheit von 53 % erlangte die Fidesz-Partei 2010 eine Zwei-Drittel-Mehrheit, die Orbán für eine neue Verfassung, die ohne Einbeziehung der Opposition beschlossen wurde, nutzte. Dieser Akt war zwar legal möglich, widerspricht jedoch zutiefst dem Geist der Demokratie. In der Präambel wird Ungarn nicht mehr als eine Republik, sondern als eine christliche Nation beschrieben; daran schließt sich der Katalog der Menschenrechte an. Gewiss: In zahlreichen demokratischen Verfassungen finden sich in der Präambel idealisierende Darstellungen der nationalen Geschichte. Doch im Unterschied zu anderen „westlichen" Verfassungen wird in der ungarischen Verfassung das Verfassungsgericht ausdrücklich verpflichtet, seine Entscheidungen im Licht der Präambel, d. h. des einseitig definierten Bildes von Ungarn als einer christlichen Nation, zu fällen.[8] Mit der „Osterverfassung" hat Orbán Ungarn seiner Vision eines „illiberalen Staates" zumindest angenähert. Den neorechten, ethnisch orientierten Geist der Verfassung hat Orbán selbst 2012 in einer Rede im südungarischen Ópusztaszer in aller Klarheit zum Ausdruck gebracht. „Von dem Augenblick an, wo wir als Ungarn auf die Welt kommen, schließen unsere sieben Stämme den Blutbund, gründet unser heiliger Stephan den Staat."[9] Da Christentum und Nation als Einheit gedacht werden, ist für Orbán selbst die Priorität der ethnischen Gemeinschaft vor den Menschenrechten, ein Kernelement der neorechten Ideologie von de Benoist, kein Problem. Unter den Eliten Europas wird – so

Orbán in einem Interview in der Schweizer „Weltwoche" – nur über „seichte und zweitrangige Themen debattiert. Nette Sachen wie Menschenrechte, Fortschritt, Frieden, Offenheit, Toleranz. Wir sprechen nicht über Freiheit, wir sprechen nicht über das Christentum, wir sprechen nicht über die Nation, und wir sprechen nicht über den Stolz. Brutal gesagt: Was heute in der europäischen Öffentlichkeit dominiert, ist nur europäisch-liberales Blabla über nette, aber zweitrangige Themen."[10]

Wenn die Bewahrung der Homogenität des selbst definierten „Volkes" zur zentralen Agenda der Regierungspolitik aufrückt, muss der innergesellschaftliche Pluralismus zurückgedrängt werden.[11] Aus diesem Grund setzt die Fidesz-Regierung sämtliche Bereiche der Zivilgesellschaft, von den Medien, Kultureinrichtungen bis hin zu NGOs und jüngst auch den Privatuniversitäten unter Druck. Wer Kritik an der Regierung äußert, setzt sich dem Verdacht der Volksfeindschaft aus. Die Idee eines illiberalen Staates auf christlicher Grundlage wendet sich daher nicht bloß gegen die Exzesse einer neoliberalen Globalisierung, sondern stellt auch die Idee der pluralen, auf der Idee der Menschenrechte gegründeten Demokratie in Frage.

Nicht zuletzt stellt Viktor Orbán wie de Benoist die Universalität der Menschenrechte in Frage. In seiner Rede in Kötcse vom 5. September 2015 stellt Orbán kontrastreich die „liberale Identität" der „nationalen und christlichen Identität" gegenüber.[12] Die liberale, d. h. menschenrechtsorientierte Politik habe die Welt in ein globales Dorf verwandelt, in dem der Westen allen Völkern in missionarischem Eifer die Idee der Menschenrechte – zuweilen gewaltsam – aufgezwungen habe. Wie bei de Benoist sind die Menschenrechte offenbar nur Teil eines bestimmten, nämlich des westlichen Kulturkreises. Da die Menschenrechte allen Menschen das Recht zusprechen, sich frei zu bewegen und sich an jedem Ort, wo es einem am besten erscheint, niederzulassen, dürfen wir uns nach Orbán nicht wundern, wenn in Krisenzeiten massenhaft Menschen an unsere Tür klopfen. Der liberale Kosmopolitismus gefährde daher den Wohlstand und die Selbstbehauptung Europas.

Der liberalen Idee einer globalen Verantwortungsethik stellt Orbán die christliche Identität entgegen, die sich an den Pflichtenkreisen orientiert. Wir sind nach Orbán zuerst für unsere Familienmitglieder verantwortlich, dann für die Mitglieder unseres Dorfes, unseres Landes – und zuletzt eventuell noch für andere („and then everyone else may come“). Der liberalen Ideologie sind nach Orbán nicht nur konservative Menschen, sondern auch christliche Kreise aufgesessen. Kirchliche Amtsträger hätten das christliche Gebot der Nächstenliebe, das bloß für den privaten Raum Geltung habe, illegitimerweise zu einem politischen Prinzip umfunktioniert.

Viktor Orbáns neorechte Verteidigung des „Christlichen Abendlandes“ führt exemplarisch vor Augen, dass eine Synthese zwischen Christentum und neorechter Ideologie geradezu eine Pervertierung christlicher Moral vollzieht. Um die inneren Widersprüche einer neorechten Politik unter christlichen Vorzeichen präzise zu erfassen, bedarf es allerdings einiger Klärungen.

Die neorechte Kritik an den Menschenrechten stellt nicht nur Hegels These, dass die Französische Revolution auf dem ethischen Universalismus des Christentums aufbaue, in Frage, sondern diskreditiert auch christliche Denker wie Jacques Maritain, der in der Mitte des 20. Jahrhunderts, d. h. inmitten der Barbarei des Faschismus, auf der Basis eines christlichen Naturrechtsdenkens wichtige Grundlagen für eine plurale Demokratie und die UN-Deklaration über die Menschenrechte gelegt hat.[13] Die Würde der menschlichen Person transzendiert nach Maritain alle geschichtlichen, auf Abstammung gegründeten Gemeinschaften. Die normative Vorgängigkeit der Person stellt nach Maritain das relative Recht gewachsener Formen der Gemeinschaft keineswegs in Frage. Auch Maritain ist ein Kritiker eines Liberalismus im Sinne eines bindungslosen Individualismus. Wenn jedoch die ethnische Gemeinschaft über der Person steht, gibt es nach Maritain gegenüber dem politischen Totalitarismus kein Bollwerk mehr. Aus diesem Grund hat „das weltliche Denken" unter dem Einfluss des Christentums, wie Maritain im Sinn und zugleich im sachlichen Widerspruch zu de Benoist weiter ausführt, erkannt, dass die antike „Bürgerfreundschaft" durch „eine stärkere, umfassendere Liebe, eben die brüderliche Liebe" ergänzt werden muss, damit sie in „eine Brüderlichkeit" übergehen kann, die „über die Grenzen der Gesellschaftsgruppe hinausschreitet und sich über das ganze Menschengeschlecht ausweitet."[14]

Die von Orbán attackierte „liberale Identität", die den Menschen eine kosmopolitische Verantwortungsethik zumutet, ist geschichtlich betrachtet eine christliche Idee, die sich zwar in dieser Form noch nicht in der Bibel findet, jedoch am Beginn der Neuzeit von der christlichen Philosophie, genauer von der „Schule von Salamanca", entwickelt worden ist. Im biblischen Samaritergleichnis geht es um die Hilfe gegenüber den uns jeweils begegnenden Notleidenden unabhängig von religiöser oder ethnischer Zugehörigkeit. Der Samariter fühlt sich tatsächlich noch nicht für die gesamte Menschheit mitverantwortlich. Dies ändert sich jedoch im 16. Jahrhundert. Unter dem Eindruck der Gewaltexzesse in der Neuen Welt entwirft Francisco de Vitoria eine Theorie des Völkerrechts, die exakt jene Elemente enthält, die Orbán in nationalistischer Verblendung als liberale Ideologie brandmarkt, nämlich ein globales Reise-, Handels-, Niederlassungs- und Einbürgerungsrecht. Darüber hinaus weitet Vitoria den Horizont moralischer Verantwortung auf die gesamte Menschheit aus. In welchem Winkel der Erde auch immer Menschen ungerechterweise massenhaft zu Tode kommen, sind wir zur Hilfestellung verpflichtet.[15] Die derzeit geltenden internationalen Konventionen zum Asyl- und Fremdenrecht sind de facto eine Einschränkung gegenüber Vitorias Vision einer neuen Weltgesellschaft.

Die Lehre von den Pflichtenkreisen, die Orbán dem „liberalen Kosmopolitismus“ entgegenstellt, ist hingegen eine heidnische Lehre, die sich sowohl bei Cicero als auch beim Konfuzianer Menzius findet. Die Lehre von den Pflichtenkreisen widerspricht nicht dem ethischen Universalismus, sondern einem moralischen Egalitarismus, wonach Familienangehörige und Fremde in jeder Hinsicht gleich zu behandeln wären. Die Lehre von den Pflichtenkreisen plädiert stattdessen für eine schrittweise Ausweitung moralischer Verantwortung, die bei der Familie einsetzt, jedoch, wie die christliche Theologie und auch Menzius fordern, letztlich die gesamte Menschheit umfassen muss.

Das von Orbán angesprochene Verhältnis zwischen christlicher Moral und Politik ist ein äußerst komplexes Problem, das in diesem Zusammenhang nicht systematisch behandelt werden kann. Zumindest ein Hinweis sei hier indes gestattet: Das biblische Gebot der Nächstenliebe richtet sich tatsächlich zunächst an Christ(inn)en in ihrem alltäglichen, privaten Leben. Aus der christlichen *agape,* die zugleich eine göttliche Gabe ist, können nicht unmittelbar, d. h. ohne sorgfältige Abwägung aller Umstände, politische Prinzipien oder gar Lösungen für die aktuelle Flüchtlingsfrage abgeleitet werden. Auch und gerade in einer christlich inspirierten Verantwortungsethik sind selbstverständlich auch die Kapazitätsgrenzen der Staaten, die Asylsuchende aufnehmen, zu berücksichtigen. Eine christlich orientierte politische Ethik darf allerdings nicht in eine ethnische Ideologie zurückfallen, sondern wird in den säkularen Menschenrechtskonventionen zentrale Gehalte ihrer eigenen Moral wiedererkennen und weiterentwickeln. Wer wie Viktor Orbán durch die Verfassung einen christlichen Staat aufbaut, sollte christlichen Menschenrechtsgruppen nicht vorwerfen, den Unterschied zwischen privater und politischer Ethik nicht begriffen zu haben.

3. Schlussbemerkung

Auf den christlichen Kirchen lastet noch heute das schwere Erbe der Allianzen mit den faschistischen Systemen des 20. Jahrhunderts. Die Neue Rechte stellt das Christentum erneut vor eine historische Herausforderung, in der nicht weniger als der universalistische Kern christlicher Moral auf dem Spiel steht. Darüber hinaus stellen die neorechten Verteidiger des „Christlichen Abendlandes“ paradoxerweise die zentralen Errungenschaften europäischer Kultur, nämlich rechtsstaatliche Demokratie und Menschenrechte, in Frage. Die Antwort auf den politischen Islam kann jedoch nicht in einer völkischen Ideologie und einem christlichen Autoritarismus bestehen, die die späte Versöhnung zwischen Christentum und Demokratie desavouieren.

Die breite Resonanz neorechter Ideologien in evangelikalen und konservativ-katholischen Kreisen, die in den letzten Jahrzehnten vor unser aller Augen langsam und kontinuierlich gewachsen ist, muss konfessionsübergreifend zum Thema eines ernsthaften innerchristlichen Disputs gemacht werden. Die schonungslose Kritik an eigenen antidemokratischen Traditionen ist heute eine der zentralen Aufgaben in der je neu zu leistenden Selbstaufklärung des Christentums, die nicht länger durch falsche Rücksichten aufgeschoben werden darf. Denn unheilige Allianzen mit neorechten Bewegungen werden – dies kann schon jetzt mit Sicherheit gesagt werden – die Glaubwürdigkeit des Christentums in Europa auf Jahrzehnte hin beschädigen.

In einer Rede vor den Dominikanern in Paris rief Albert Camus 1946 die Christ(inn)en auf, ihre Bündnisse mit dem Faschismus zu beenden und sich am Aufbau einer demokratischen Gesellschaft, einer „Civitas des Dialogs", zu beteiligen.[16] Im Kampf gegen antidemokratische Mächte dürfe sich nach Camus das Christentum nicht länger „die Tugend der Auflehnung und der Empörung ... die ihm vor langer Zeit eigen war"[17], entreißen lassen, um nicht noch einmal „der vervielfachten Hinopferung des Sokrates beizuwohnen".[18]

Durch den Aufstieg der Neuen Rechten hat Albert Camus' Appell an die Christ(inn)en eine neue Aktualität gewonnen. Die lateinamerikanischen Theologien der Befreiung haben bereits vor Jahrzehnten die christlichen Quellen prophetischer Kritik neu erschlossen. Vor diesem Hintergrund ist es wohl kein Zufall, sondern eher ein bemerkenswertes „Geschichtszeichen", dass Franziskus, d. h. der erste Papst aus Lateinamerika, die europäische Christenheit an die menschenrechtlichen Grundlagen der europäischen Demokratie und an den Kerngehalt der christlichen Moral erinnern muss.

„Volk“ als kritischer Topos der Theologie

Gerhard Kruip

1. Papst Franziskus – ein Populist?

Schon kurz nach seiner Wahl haben rechtskatholische Kreise Papst Franziskus vorgeworfen, ein „Populist“ zu sein, wobei dieser negativ konnotierte Begriff in Lateinamerika meist „Linkspopulismus“ meint. Die Entscheidungen des Papstes, nicht im päpstlichen Palast zu wohnen und kleinere Fahrzeuge zu benutzen, seine Herzlichkeit und Nähe im Umgang mit Menschen, aber auch kritische Äußerungen zur Flüchtlingsthematik oder zur kapitalistischen Wirtschaftsweise haben ihm Vorwürfe eingebracht, das einfache Volk zu hofieren, komplexe Probleme zu sehr zu vereinfachen und Lösungen vorzuschlagen, die an der Realität vorbeigehen. Besonders seine Grußadressen und Auftritte bei den vom Vatikan organisierten „Welttreffen der Volksbewegungen“, die inzwischen dreimal, 2014 im Vatikan, 2015 in Bolivien im Beisein des ebenfalls als populistisch eingestuften bolivianischen Präsidenten Evo Morales und 2016 wieder im Vatikan stattfanden, waren vielen rechtsgerichteten und liberalen Kreisen ein Dorn im Auge, zumal der Papst sehr klar seine Sympathie für diese Begegnungen und ihre Anliegen zum Ausdruck brachte.[1]

In der Tat erfüllen manche Äußerungen des Papstes auch die wissenschaftlichen Kriterien für eine Einstufung als „populistisch“.[2] Er äußert sich immer wieder kritisch gegen die

Eliten in verschiedenen Ländern, weil er sie für viele Ungerechtigkeiten verantwortlich macht und ihnen vorwirft, sich zu wenig um die Armen zu kümmern. Er sieht eine wirkliche Demokratie noch nicht in den etablierten, nur formal demokratischen Repräsentationsformen der lateinamerikanischen Staaten realisiert. Wenn er Missstände in prägnanten Worten anklagt, wird das oft als unzulässige Vereinfachung wahrgenommen und in vielen Medien auch so transportiert. Er beruft sich gerne auf die „Weisheit des Volkes“, worauf im nächsten Abschnitt genauer einzugehen sein wird. Die teilweise nicht unberechtigten Vorurteile, die katholische Kirche sei antimodern und antiliberal, treffen auch ihn, und wegen seiner Autorität als Papst wird angenommen, dass er doch auf jeden Fall einen exklusiven Wahrheitsanspruch erhebe.

Aufgrund seiner argentinischen Herkunft wurde Papst Franziskus auch als „Peronist“ bezeichnet, vor allem von jenen, die dem vermeintlich „linken“ Peronismus kritisch gegenüberstehen. Dabei sind die historischen Hintergründe sehr viel komplizierter, als solche Vorwürfe insinuieren. Juan Domingo Perón war von 1946 bis 1955 und von 1973 bis 1974 Präsident Argentiniens und gilt als Paradebeispiel für den lateinamerikanischen Populismus.[3] Unter zunächst günstigen wirtschaftlichen Bedingungen stärkte er die Rolle des Staates in der Wirtschaft und verbesserte durch soziale Maßnahmen die Situation der ärmeren Schichten, wodurch er sich die Unterstützung von Gewerkschaften und absolute Mehrheiten bei Wahlen sichern konnte, aber zunehmend mit der Großgrundbesitzeroligarchie in Konflikt geriet. Dabei berief er sich explizit auf die Katholische Soziallehre (vor allem die „korporativistische“ Enzyklika *Quadragesimo anno*) und behauptete, mit seinem „justicialismo“ einen der sozialen Gerechtigkeit verpflichteten dritten Weg zwischen Kapitalismus und Kommunismus einzuschlagen. Die Liebe zum einfachen Volk, den „Hemdlosen" („descamisados"), wurde besonders durch seine in Argentinien von manchen als Heilige verehrte, sehr früh verstorbene zweite Ehefrau „Evita" Perón (1919–1952) verkörpert, die sich sozial stark engagierte und übrigens bei einer Europareise auch von Papst Pius XII. empfangen worden war. Weil Perón aber in seinem umfassenden Machtanspruch alle Gruppen der Gesellschaft kontrollieren wollte – manche sehen im Peronismus deshalb eine Spielart des Faschismus –, war ihm die in Argentinien sehr mächtige katholische Kirche ein Dorn im Auge, so dass er versuchte, ihren Einfluss einzuschränken. Er schaffte den Religionsunterricht an Schulen ab, verbot einige katholische Zeitungen und erließ Gesetze, denen die Kirche damals massiv widersprach (Erlaubnis der Zivilscheidung, Gleichstellung nichtehelicher Kinder etc.). Gleichzeitig warf er den Bischöfen vor, die korrupten Eliten des Landes zu unterstützen und das Evangelium Jesu Christi zu verraten, das er für seine eigene Politik zugunsten der Armen in Anspruch nahm. 1955 wurde seine Präsidentschaft ähnlich wie 1976 die Präsidentschaft seiner dritten Frau Isabel Martínez de Perón, die als Vizepräsidentin nach seinem Tod 1974 seine Nachfolgerin geworden war, durch einen Militärputsch beendet.

Die Erinnerung an Perón spaltet bis heute die argentinische Gesellschaft. Manche idealisieren seine Politik, die zweimal durch das Militär gestoppt worden war und deshalb nicht habe erfolgreich sein können, andere sehen in ihr die Ursache für spätere Fehlentwicklungen. Trotz der heftigen Konflikte zwischen katholischer Amtskirche und Perón stellten sich nach dem Zweiten Vatikanischen Konzil, als in Lateinamerika der befreiungstheologische Aufbruch begann, manche kirchlichen Gruppen in Argentinien in die Tradition des Peronismus, so insbesondere die bedeutsame „Bewegung Priester für die Dritte Welt". Die von dieser Bewegung scharf kritisierten Bischöfe haben den Militärputsch von 1976 mehrheitlich sogar begrüßt, was eine massive vertikale Spaltung der argentinischen katholischen Kirche offenbarte.[4]

Vor diesem Hintergrund und angesichts der Nähe von Franziskus zur Befreiungstheologie[5] ist es nicht abwegig, die Frage zu stellen, ob er ein Peronist sei. Der italienische Lateinamerika-Historiker Loris Zanatta beantwortet sie eindeutig mit ja[6] und hat damit auf Franziskus-kritischen Webseiten große Resonanz gefunden. Er verweist darauf, der Papst verwende auf seinen Reisen ständig das Wort „Volk" („pueblo"), sehr viel seltener aber Begriffe wie „Freiheit" oder „Demokratie". Die Armut des „Volkes" garantiere seine moralische Überlegenheit und das „depositum fidei" sei am besten in der „Weisheit des Volkes" bewahrt. Diese Romantisierung oder Idealisierung des „Volkes" sei mit einem militanten Antiliberalismus, einer scharfen Ablehnung der gesellschaftlichen Eliten und der Marktwirtschaft verbunden. „So gesehen sind die Kreuzzüge Bergoglios gegen die Oligarchie, auch wenn sie den Jargon postkolonialer Kritik verwenden, Erben des antiliberalen Kreuzzugs, den integralistische Katholiken seit zwei Jahrhunderten vorantreiben."[7] Der Peronismus des Papstes komme auch darin zum Ausdruck, dass er sich mit der früheren peronistischen Präsidentin Argentiniens, Christina Kirchner, mehrfach getroffen habe, dem 2015 neu gewählten, „neoliberalen" Präsidenten Mauricio Macri aber nicht einmal zur Wahl gratuliert habe. Die linkspopulistische Schlagseite offenbare auch sein unterschiedlicher Umgang mit linken Regierungen, mit denen er sympathisiere (z. B. Kuba, Bolivien), und liberalen, die er ablehne (z. B. Paraguay). Nicht Demokratie und Menschenrechte würden ihn interessieren, sondern nur die (katholische) religiöse Identität des „Volkes". Nicht alles ist falsch, was Zanatta hier aus einer liberal-antikirchlichen Perspektive kritisiert, trotzdem müssten solche Urteile differenzierter ausfallen, wozu innerkirchliche Entwicklungen in den Blick zu nehmen sind.

2. „Volk" in der lateinamerikanischen Theologie der Befreiung

Die Theologie der Befreiung[8] entstand Ende der 1960er Jahre als Umsetzung des Zweiten Vatikanischen Konzils (1962–65) in Lateinamerika. Besonders die Forderung des Konzils, „nach den Zeichen der Zeit zu forschen und sie im Licht des Evangeliums zu deuten" (*Gaudium et spes* 4), führte die lateinamerikanischen Ortskirchen zu einer neuen Analyse ihrer Situation, die sie als Ergebnis von neokolonialen Abhängigkeitsstrukturen deuteten und deshalb „Befreiung" forderten. Angesichts extremer sozialer Ungleichheit ergab sich aus der Forderung nach Gerechtigkeit die „Option für die Armen", wobei die Armen nicht nur als Objekte von Hilfe, sondern als Subjekte ihres eigenen Lebens betrachtet wurden. Viele Priester und Ordensleute entschlossen sich dazu, mit den Armen auf dem Land oder in Elendsvierteln zu leben und zusammen mit ihnen die Armut zu bekämpfen. Da in den meisten lateinamerikanischen Ländern damals Militärdiktaturen und autoritäre Regime herrschten, war die Kirche in vielen Ländern eine konsequente Verfechterin der Menschenrechte, der Rechtsstaatlichkeit und der Demokratie. Alte Integralismus-Vorwürfe, wie sie gegenüber der vorkonziliaren Kirche berechtigt gewesen sein mögen, treffen auf die befreiungstheologisch inspirierten Teile der Kirche nicht zu. Auf die Frage, warum die Befreiungstheologie gerade in Lateinamerika entstand, antworten dortige Theologen gerne: In Nordamerika und Europa sind die Menschen Christen, aber nicht arm. In anderen Kontinenten sind sie arm, aber keine Christen. Nur in Lateinamerika sind die Menschen sowohl Christen als auch arm, so dass hier die Bedingungen für einen solchen Neuaufbruch gegeben waren.

Da in den 1960er und 1970er Jahren die Mehrheit der Bevölkerung in Lateinamerika zu den Armen zählte, wurde auch der Begriff „pueblo“ („Volk“), der im Spanischen ohnehin eher die Bedeutung „einfaches Volk“ oder „Landbevölkerung“ („pueblo“ heißt auch „Dorf“) mit sich trägt, mit den Armen gleichgesetzt und als Gegenbegriff zu den Reichen und Mächtigen verwendet. In Chile entstand während der Regierungszeit Salvador Allendes (1970–1973) und seiner Partei „Volkseinheit“ („Unidad popular“) der Slogan „Das vereinte Volk wird niemals besiegt werden“ („El pueblo unido jamás será vencido“), der zu einem weltweit bekannten Protestsong der Linken wurde. Die damit verbundenen marxistischen Konnotationen sind im Spanischen jedoch bei weitem nicht so stark wie im Deutschen, so wie übrigens die Berufung auf das „Volk“ auch keine Assoziationen an den Nationalsozialismus weckt, weshalb der Begriff in Lateinamerika sehr viel unbefangener gebraucht wird.

Aus den befreiungstheologischen Strömungen, die innerhalb Lateinamerikas recht unterschiedlich ausfielen, ragt eine argentinische Richtung hervor, die das „Volk“ als Bezugspunkt ihrer theologischen Reflexion gewählt hat. Diese „Theologie des Volkes“ wurde vor allem von den argentinischen Theologen Lucio Gera, der übrigens theologischer Berater der „Bewegung Priester für die Dritte Welt“ war, und Juan Carlos Scannone entwickelt, die beide von Papst Franziskus besonders geschätzt werden.[9] Ihr Anliegen war es, die Armen nicht nur aus ökonomischer, sozialer und politischer Perspektive als „unterdrückte Klasse“ zu sehen, sondern als eine gesellschaftliche Schicht, der es gelungen war, den christlichen Glauben in ihre eigene Kultur zu inkulturieren. Scannone spricht von der „elementare[n] Weisheit des Volkes, [d]as weiß, was unmenschlich und ungerecht ist, und von daher imstande ist, eine menschlichere Gesellschaft zu fordern und zu erahnen.“[10] Hinter dieser Einsicht steht weniger eine Romantisierung des „Volkes“ als vielmehr die Forderung, auch den Ärmsten mit Respekt und Empathie zu begegnen, die Erfahrung vieler in der pastoralen Arbeit engagierter Personen, dass die Begegnung mit den Armen zur Vertiefung ihres Glaubens beigetragen hat, und nicht zuletzt der Glaube, dass Christus selbst in den Armen anwesend ist. Scannone spricht sogar von einer „Offenbarung Gottes in den Armen, insofern diese eine Art Infragestellung, Herausforderung und Belehrung Gottes darstellen, darin der Glaube die Botschaft etwa von Mt 25 oder Mt 11,25 vernimmt. Christus fordert in den Armen zu einer parteinehmenden Liebe derjenigen auf, die an den ungerechten Strukturen leiden, damit sie Anteil am Leben gewinnen und das Reich Gottes für sie anbrechen kann.“[11] Die Armen oder eben das „Volk“ werden so zu einem neuen, privilegierten Ort der Theologie und damit auch der Lehre von der Kirche und ihrer Mission.[12]

In den Texten der lateinamerikanischen Bischofsversammlungen, vor allem im Dokument von Puebla (DP) 1979, kommt diese Sicht auf das „Volk“ ebenfalls zur Geltung: „Aus den verschiedenen Ländern des Kontinents steigt ein Schrei auf, dessen Vielstimmigkeit und Nachdruck ständig zunimmt. Es ist der Schrei eines Volkes, das leidet und Gerechtigkeit, Freiheit und Achtung vor den Grundrechten des Menschen und der Völker fordert.“ (DP 87) Die Kirche erklärt sich mit diesem Volk solidarisch, das eine integrale Befreiung will (DP 141, 162), und sieht in den Basisgemeinden einen „Ausdruck der besonderen Zuneigung der Kirche zum einfachen Volk“ (DP 643), dem sie sich mit einer „tiefen

Haltung der Liebe“ zuwendet (DP 397). Die lateinamerikanische Kultur präge die besondere Art, „in der unsere Menschen ihre Beziehung zur Natur und den Mitmenschen erleben, sie kommt in einem besonderen Sinn für Arbeit und Feiern, für Solidarität, Freundschaft und Verwandtschaft zum Ausdruck. Sie äußert sich ebenso im Gefühl für die eigene Würde, die durch ihr armes und einfaches Leben nicht herabgesetzt wird.“ (DP 413) Dabei wird die lateinamerikanische Kultur in einer Weise pauschal als „katholisch“ bezeichnet, die auch 1979 schon nicht mehr von den Tatsachen gedeckt war: „Die Religion des lateinamerikanischen Volkes ist in ihrer ausgeprägtesten kulturellen Form Ausdruck des katholischen Glaubens. Es ist ein Volkskatholizismus.“ (DP 444) Hier kommt trotz der darin enthaltenen Würdigung der Volksreligiosität ein gewisser Integralismus zum Ausdruck, der sich in gleicher Weise gegen marxistische, liberale und protestantische Einflüsse richtet, die diese „katholische“ Kultur des lateinamerikanischen Volkes gefährdeten. In den Dokumenten der späteren Bischofsversammlungen von Santo Domingo 1992 und Aparecida 2007 wird dank der stärkeren Wahrnehmung der indigenen Völker die Pluralität der verschiedenen Kulturen Lateinamerikas stärker betont.

Franziskus steht ganz in der Linie von Gera und Scannone, was besonders in *Evangelii gaudium* (2013) zum Ausdruck kam. Er betont, die Armen hätten die Kirche „vieles zu lehren. Sie haben nicht nur Teil am sensus fidei, sondern kennen außerdem dank ihrer eigenen Leiden den leidenden Christus. Es ist nötig, dass wir alle uns von ihnen evangelisieren lassen. […] Wir sind aufgerufen, Christus in ihnen zu entdecken, uns zu Wortführern ihrer Interessen zu machen, aber auch ihre Freunde zu sein, sie anzuhören, sie zu verstehen und die geheimnisvolle Weisheit anzunehmen, die

Gott uns durch sie mitteilen will." (EG 198) Die Kirche kommt „im Volk mit dem leidenden Leib Christi in Berührung [...]. So haben die Evangelisierenden den ‚Geruch der Schafe', und diese hören auf ihre Stimme." (EG 24) In manchen Fällen wird der Bischof sogar „hinter dem Volk hergehen, um denen zu helfen, die zurückgeblieben sind, und – vor allem – weil die Herde selbst ihren Spürsinn besitzt, um neue Wege zu finden." (EG 31) Und es fehlt nicht an der Abgrenzung gegenüber den Eliten – ob in der Gesellschaft oder in der Kirche: „Es ist klar, dass Jesus Christus uns nicht als Fürsten will, [...] sondern als Männer und Frauen des Volkes." (EG 271)

3. Das kritische Potenzial des Begriffs „Volk" für Theologie und Kirche

Eine Voraussetzung der „Theologie des Volkes" war die Aufwertung des Begriffs „Volk Gottes" im Konzil (vor allem in *Lumen gentium*). Das „Volk Gottes", zu dem alle Menschen berufen sind (LG 13), ermöglicht es zusammen mit dem „gemeinsamen Priestertum aller Gläubigen" (LG 10–12) von einer „wahre[n] Gleichheit in der allen Gläubigen gemeinsamen Würde und Tätigkeit zum Aufbau des Leibes Christi" zu sprechen (LG 32) und die Unfehlbarkeit des gemeinsamen „übernatürlichen Glaubenssinn[s] des ganzen Volkes" (LG 12) zu betonen. Darin wird ein kritisches Potenzial gegenüber einer rein hierarchischen Vorstellung und Praxis von Kirche deutlich, wie es auch Papst Franziskus immer wieder hervorhebt. Wie stark dieses Potenzial werden kann, zeigte sich nicht zuletzt an den massiven Konflikten, die innerkirchlich um das Konzept der „Kirche des Volkes" („iglesia popular") in den 1970er und 1980er Jahren aufbrachen. Papst Johannes Paul II. hat die „Kirche des Volkes" in seiner

Eröffnungsansprache in Puebla 1979 scharf kritisiert (Eröffnungsansprache I, 8, vgl. DP 263).[13] Gemeint war vor allem die enge Zusammenarbeit von katholischen Priestern und Laien mit der sandinistischen Revolution in Nicaragua, aber es traf auch hierarchiekritische Gruppen in anderen Ländern. Ein entscheidender Streitpunkt war die von Rom massiv bestrittene „Lehrautorität“ des Volkes, die inzwischen jedoch von Papst Franziskus selbst unterstrichen wird (siehe oben Zitat aus EG 198).

Scannone betont auch das kritische Potenzial einer „Theologie des Volkes“ gegenüber marxistischen Konzeptionen, in denen das Volk auf eine ökonomisch unterdrückte Klasse reduziert wurde, während seine kulturellen Erfahrungen, seine „Weisheit“, von der durchaus auch die akademische Theologie lernen könne, unberücksichtigt blieben.[14] Das „Volk“ ist eben sehr viel pluraler, in sich heterogener, als dass es einseitig ideologisch missbraucht werden könnte, vorausgesetzt, man lässt sich wirklich auf die Begegnung mit ihm in all seinem Reichtum unvoreingenommen ein.

Entscheidend ist eben, das „Volk“ nicht als Objekt, als politische Manövriermasse zu sehen. „Der populistische Agitator handelt gemäß einer sogenannten ‚umgekehrten Psychoanalyse‘. Er nähert sich seinem Publikum mit genau der gegenteiligen Intention, mit der der Analytiker auf die zu therapierende Person zugeht.“[15] Anstatt den Patienten aufzuklären und seine Handlungsfähigkeit zu stärken, versucht der Populist seine Ängste und Aggressionen zu verstärken, um ihn umso besser manipulieren zu können. Auch wenn es in der Kirche faktisch Autoritarismus und Paternalismus gibt und leider auch manche kirchlichen Äußerungen ein allzu verkürztes Bild komplexer Wirklichkeiten offenbaren, ist es die erklärte Maxime einer „Theologie des Volkes“, die Menschen des „Volkes“ als Subjekte ernst zu nehmen und zu unterstützen, damit sie auch wirklich zur Selbstbestimmung fähig werden. Das meint jedoch zugleich, dass die Menschen, die das „Volk“ bilden, auch selbst einen moralischen Standpunkt einnehmen müssen. Was das „Volk“ sagt oder will, ist immer auch durch das „Volk“ selbst daraufhin zu überprüfen, ob es Gerechtigkeitsforderungen standhält. Dieses Kriterium muss zum kritischen Potenzial der Berufung auf das Volk hinzutreten, damit die Gefahr des Umschlags in Populismus vermieden wird.

Demokratie

Krise der Repräsentation – Ende der Demokratie?

Daniel Bogner

In den Infobroschüren der politischen Bildung wird kurz und bündig erklärt: Wir leben in einer „repräsentativen Demokratie". Und die Website des Deutschen Bundestages erläutert: „Bürgerinnen und Bürger treffen politische Entscheidungen nicht selbst, sondern überlassen sie auf Zeit gewählten Vertretern, die für sie als Stellvertreter tätig sind."[1] Die Demokratie funktioniert offenbar über ein Rollenmodell: Jemand handelt an jemands statt und ermöglicht dadurch, dass politisch entschieden und gestaltet wird. Die Hypothese lautet: Bürgerinnen und Bürger sollten diese Entscheidungen besser nicht selbst treffen, das ist weder sinnvoll noch organisatorisch so einfach möglich.

1. Das Versprechen der Repräsentation

So einfach und überschaubar dieses Modell die Demokratie erklären soll, so wenig ist damit gesagt. Denn es bleibt eine offene Frage, nach welchen Kriterien die Bürgerinnen und Bürger im Parlament vertreten werden. *De facto* wird die Auswahl der Abgeordneten territorial vorgenommen, also nach geografisch zugeschnittenen Wahlkreisen. Regionale Herkunft wird damit gegenüber anderen möglichen Auswahlkriterien für die Stellvertretung – etwa soziale Lage oder berufliche Tätigkeit – privilegiert. Regionale Herkunft hat aber in unserer Welt durch digital ermöglichte Mobilität und globale Vernetzung ihre Aussagekraft als Index für Interessen, Wünsche und Bedürfnisse massiv eingebüßt.

Die territorial organisierte Repräsentation birgt ein Versprechen: Da gibt es welche („die da oben"), die das Sagen haben, aber unter denen findet sich der eigene lokale Repräsentant („einer von uns"), durch den man letztlich aufgehoben ist im politischen Spiel der Demokratie. Wenn von einer „Krise der Repräsentation" gesprochen wird, ist der Ausfall dieses scheinbar selbstverständlichen Mechanismus gemeint. Es wird beklagt, dass „die da oben" ihr eigenes Spiel betreiben und nicht mehr die Interessen der Vertretenen im Blick haben. Diese Erwartung aber, die sich in den Schlachtrufen des Populismus ausdrückt („Volksverräter"), sollte hinterfragt werden.

Wie realistisch ist die Vorstellung „linearer" Repräsentation angesichts einer Gesellschaft, deren Mitglieder unterschiedliche Interessen verfolgen, vielfältige Wünsche und Vorstellungen über ihre Zukunft hegen und zum Teil gegensätzliche Erfahrungshintergründe mitbringen, die wiederum ihre Erwartungen an Politik bestimmen? Die Prognose wird pessimistisch ausfallen, aber sie fordert zum Realismus auf: Denn die hinter einem solchen Repräsentationsbegriff stehende Vorstellung von Politik ist problematisch. Nicht Dialog, Aushandlung und Abwägung von Interessen stehen hier im Vordergrund, sondern das In-Stellung-Bringen von Erwartungshaltungen gegen die Interessen und Vorstellungen der Anderen. Jede Bewegung eines Ausgleichs wird als kompromittierend – als Verrat – gebrandmarkt. Eine Kultur des Kompromisses, die diesen als notwendiges Element der demokratischen Selbstbestimmung wertschätzt, kann nicht aufkommen.

Wenn heute von vielen „Wutbürgern", Protestwählern und Anhängern der populistischen Parteien vehement ein solches direkt-repräsentatives Band zwischen Vertretern und Vertretenen eingefordert wird, irritiert im Gegenzug die Bereitschaft breiter Wählerschichten, im Fall der Fälle Erwartungen offensichtlich fahren lassen zu können und alles auf die Karte eines großzügigen Mandates mit akkumulierter Machtfülle zu setzen. Dies ist die Lehre aus dem Siegeszug, den der französische Präsident Macron mit seiner Bewegung „La République en Marche" im Jahr 2017 angetreten hat. Wo breite Wählerschichten eben noch darüber klagten, der „Volkswille" werde vernachlässigt, findet sich im nächsten Atemzug eine breite Mehrheit für eine politisch unbeschriebene Kraft, die sozioökonomische Strukturveränderungen in Aussicht stellt, welche ohne Zweifel in die Interessengefüge dieser Wählerschaft eingreifen werden.

Um in der Sprache der Finanzmathematik zu sprechen: Die Erwartungen des Wahlvolkes an das, was seine Vertreter genau vertreten sollten, erscheinen hochgradig *volatil,* das heißt flexibel und abhängig von Faktoren wie der politischen Stimmung und einem vagen Wunsch nach Verbesserung der Lage. Belastbare Kriterien für die Orientierung der Vertreter lassen sich aus diesen Beobachtungen jedenfalls nicht gewinnen.

2. Wer spricht für wen? Modelle der Repräsentation

Ein erster, ein entscheidender Zweifel daran, ob „Repräsentation" in der Demokratie so funktioniert wie erhofft, steht damit im Raum. Man sieht ihn wachsen, sobald man in die Historie des Begriffs einsteigt. Dort stößt man auf zwei Interpretationslinien, die wenig miteinander zu tun haben und doch bis heute in einer seltsamen Verquickung die Auslegung des Begriffs bestimmen.

Auf der einen Seite steht die – heute sicherlich geläufigere – Vorstellung der Repräsentation im Sinne einer materialen Abbildfunktion: Mittels politischer Mechanismen und Organe sind die Interessen und Wünsche, eben die Interessenpluralität des Staatsvolkes abzubilden und in den politischen Steuerungs- und Entscheidungsprozess einzubinden. Auf der anderen Seite steht die Auffassung, im Geschehen der Repräsentation finde eine symbolhafte Verdichtung statt, in der dem Staatsganzen ein greifbares Bild gegeben werden solle. Für *Rudolf Smend* besteht Repräsentation darin, stets neu die „Lebenstotalität des Staates" herauszustellen.[2] Und *Carl Schmitt* sieht in der empirischen Form des Staates viel mehr als nur die pragmatisch nötige Bündelung einer Pluralität. Er erkennt darin die Darstellung der „politischen Einheit als Ganzes".[3] Diese steht dem Einzelnen als eigener Wert gegenüber, von dem her Ansprüche an die Staatsbürger formuliert werden können. Aus dem Staat, den es gibt, weil Bürgerinnen und Bürger einer Form der Selbstorganisation bedürfen *(bottom up)*, wird der Staat, der seinerseits bestimmte Verhaltensweisen und Einstellungen im Staatsvolk fordert *(top down)*. In seiner Auseinandersetzung mit Thomas Hobbes und dessen für die säkularisierte Moderne so wichtigen Politikbegriff fasst *Bruno Latour* die Spannungen staatlicher Repräsentation folgendermaßen zusammen: „Spricht der Souverän in seinem Namen oder im Namen derer, die ihn autorisiert haben? Das ist eine unlösbare Frage, mit der sich die moderne politische Theorie endlos herumschlagen wird. Gewiß spricht er, aber durch ihn sprechen die Bürger. Er wird zu ihrem Fürsprecher, ihrer Person, ihrer Verkörperung. Er übersetzt sie und kann sie daher auch verraten."[4]

Bei den sogenannten populistischen Parteien in den (west-)europäischen Demokratien findet heute eine seltsame

Mischung zwischen den beiden zitierten Verständnisweisen von Repräsentation statt: Man fordert, dass die gewählten Repräsentanten der Bevölkerung deren Interessen konsequenter vertreten sollten, suggeriert aber mit der Behauptung von den „wahren“ Interessen, dass es so etwas wie eine quasi homogene „Substanz“ des „Volkes“ gebe, die im Zuge der Repräsentation zum Ausdruck gebracht werden müsse – unabhängig von einer tatsächlich vorhandenen, empirischen Pluralität der Gesellschaft.

Was also soll eigentlich gesagt werden, wenn im politischen Feld von Repräsentation die Rede ist? Zwischen „Stellvertretung“, „Darstellung“ und „Vergegenwärtigung“ changiert das Bedeutungsspektrum des Begriffs. Was bereits auf philosophischem Feld zu Auslegungsschwierigkeiten führt, gilt umso mehr für das Politische: Wie können Menschen eigentlich angemessen „vertreten“ werden, ohne dass nicht immer Teile und Aspekte ihres Trachtens und Wollens unbeachtet blieben? Mit welchem Recht findet im demokratischen Vertretungsgeschehen eine vorrangige Fokussierung auf die sozio-ökonomischen Bedürfnislagen der Bevölkerung statt? Weshalb stehen nicht in größerem Umfang, als dies tatsächlich geschieht, Aspekte der Lebensform, der weltanschaulichen und geistig-kulturellen Bedürfnisse von Menschen oder der Mitbeteiligungsmöglichkeiten von Bürgerinnen und Bürgern an Gesellschaft und Politik im Vordergrund? Es ist offenkundig, dass der durch die kapitalistische Wirtschaftsform vorgegebene Gesamtrahmen auch Grenzen und Möglichkeiten der politischen Form von Repräsentation bestimmt.

3. Anstelle von Repräsentation: reale Leitmarken von Politik

„Repräsentation“ bleibt also ein ebenso offener wie unbestimmter Begriff. Er lädt zum Missverständnis ein und enthält Versprechen, die beim Blick auf den Politikbetrieb als unangemessen und überzogen erscheinen. Die „Problemgeschichte des Begriffs“[5] beginnt, sobald ein Bewusstsein um das Auseinanderfallen von Repräsentanten und Repräsentierten auftritt und – in unterschiedlicher Weise – thematisiert und politisch bearbeitet wird. Bevor darüber nachgedacht wird, wie nun angesichts dieser unvermeidlichen Kluft der Repräsentation dieser Begriff überhaupt weiterhin Sinn machen könnte, ist ein Zwischenschritt einzulegen: Welche Markierungen und Mechanismen abseits der Kategorien der Philosophiegeschichte sind es, mit denen politische Programme und Absichten im politischen Alltagsgeschäft ermittelt und umgesetzt werden? Woran orientiert sich Politik in der demokratischen Gesellschaft – realiter und ganz praktisch?

Man wird zunächst Fragen nach dem Prozedere demokratischer Politik in den Blick nehmen. Es fällt auf, wie blass der Begriff der Repräsentation bleibt. Ihm ist keine Aussage zu entnehmen zur Frage, wie denn politische Entscheidungsfindung stattfindet und möglich wird. Die gesellschaftliche Vielfalt in der freiheitlichen Demokratie verlangt hingegen mühsame und komplexe Verfahren des Ver- und Aushandelns *(bargaining)* auf der Suche nach Lösungen für strittige Fragen. Dem Können und der Kunst, Kompromisse finden und schließen zu können, kommt hohes Gewicht zu. Der Gehalt eines gefundenen Kompromisses lässt sich in der Regel nicht im Voraus ermitteln, sondern variiert je nach Kontext und konkreten Bedingungen. Weniger als statisch repräsentierte Interessens- und Akteurspositionen zählen im politischen Selbstverständnis der Demokratie das dynamische Verfahren der Entscheidungs*findung*.

Ebenso wie das Verfahren zählen für den politischen Prozess der freiheitlich-demokratischen Gesellschaft die viel zitierten „Sachzwänge“. Gegebene Kräfteverhältnisse, wirtschaftliche, regionale und soziale Größenordnungen sowie das Vorhandensein von Ressourcen und Kompetenzen auf wirtschaftlichem und kulturellem Gebiet sind wichtige Faktoren, die in den politischen Entscheidungsprozess eingehen und dort auf die eine oder andere Weise ein Gewicht bilden. Politische Entscheidungen werden langfristig nicht plausibel wirken, wenn sie zwar aus bestimmten Interessenslagen heraus getroffen werden, aber derartige Sachgesetzlichkeiten außer Acht lassen.

Politik ist zudem abhängig von übergeordneten und langfristig eingegangenen, z. T. internationalen Rechtsbindungen und der Verflechtung in übernationale politische Verbünde und Netzwerke (EU, NATO, OSZE, Europarat, UN etc.). Daraus erwachsen Anforderungen an die nationale Politik, die immer wieder quer liegen zu den in den Modalitäten der Repräsentation vorgebrachten Anliegen. Ein gutes Beispiel hierfür ist die Schweizer Debatte um den Minarettbau: Per Volksentscheid votierten die Schweizerinnen und Schweizer dafür, ein Bauverbot für Minarette in die schweizerische Bundesverfassung aufzunehmen. Dagegen steht die Mitgliedschaft der Schweiz im Europarat und die damit gültige Europäische Menschenrechtskonvention, welche den Bau von Gotteshäusern als Teil der korporativen Religionsfreiheit versteht. Das Schweizer Bundesgericht hat in einem Urteil 2012 den grundsätzlichen Vorrang von völkerrechtlichen Verpflichtungen gegenüber später erlassenen Verfassungsbestimmungen betont.[6]

Schließlich orientiert sich politisches Handeln auch an „normativen Pfadabhängigkeiten“ des Gemeinwesens. Darunter sind jene wertmäßigen Grundorientierungen zu verstehen, die Verhaltensweisen und Handlungsoptionen einer Gesellschaft langfristig beeinflussen. Hierunter fällt etwa die christliche Prägung, die in den meisten europäischen Ländern über Jahrhunderte Lebenspraxis und kollektive Identität geprägt hat.

Die hier nur ansatzweise zusammengetragenen Beobachtungen führen dazu, den Anspruch, der mit der „repräsentativen Demokratie" verbunden ist, zu erden. Zu einfach wäre es, davon auszugehen, es gäbe einen verlässlichen Mechanismus, mit dem die vielen unterschiedlichen Interessen, Wünsche und Visionen einer Gesellschaft gebündelt vorgetragen und politisch geltend gemacht werden könnten. „Repräsentation" suggeriert einen Anspruch, der nicht eingelöst werden kann.[7] Bei den Ideen von politischer „Repräsentation" und „Demokratie" handelt es sich um verdichtete Symbolbegriffe, die eine Vision und ein Versprechen kommunizieren, nicht aber um Zustandsbeschreibungen. Für die Frage nach der Qualität der Politik in einer freiheitlichen Gesellschaft wäre es besser, auf andere Vokabeln und Kategorien zurückzugreifen. In besonderer Weise bietet sich hierfür der Begriff der *Legitimität* an. Was macht politisches Handeln legitim – das ist im Kern der ethisch-normative Gehalt, welcher der „Abkürzungsformel" der repräsentativen Demokratie zugrunde liegt. Die entscheidende Frage lautet dann nicht: Funktioniert Repräsentation? Sie lautet: Wodurch wird politisches Handeln gerechtfertigt? Wofür trägt Politik Verantwortung?

Territoriale Vertretung oder die Bestellung beschlussfassender Gremien im Querschnitt der gesellschaftlichen Sozial- oder Milieustruktur mag einen technischen Begriff von Repräsentation abgeben, als Prinzip politischer Ethik taugt er nicht. Zu formal sind hier die Kriterien, und sie basieren auf einer Güter- und Werteordnung, die ja bereits etabliert ist und sich territorial oder sozialstrukturell abbildet. Für die Legitimation politischen Handelns ist ein breiteres Verständnis von Repräsentation entscheidend: Gelingt es, im Prozess der politischen Willensbildung diejenigen Güter und Werte zu artikulieren, die für ein gutes Leben aller langfristig wichtig sind? Wie also lassen sich Ideen für eine am Gemeinwohl orientierte gesellschaftliche Entwicklung und eine nachhaltige Wirtschaftsordnung in den politischen Prozess einspeisen – und zwar auf eine Weise, dass diese Werte wirklich als Interessenpositionen zur Geltung kommen und nicht nur im Modus des allgemein Wünschbaren?

Damit zeigt sich, dass im Begriff der Repräsentation selbst ein Konflikt angelegt ist, der konstitutiv ist für die Demokratie und mit den Mitteln arithmetischer Repräsentation nicht gelöst werden kann: Es ist der Konflikt zwischen einer Idee des Guten, die sich in „Grundwerten" (etwa: Gerechtigkeit und Freiheit) oder einem „Menschenbild" (etwa: die Idee von „Menschenwürde") ausdrückt, und den über das Mehrheitsprinzip des demokratischen Verfahrens zur Anwendung kommenden Positionen.

Hinzu kommt, dass im Zuge der digitaltechnologischen Revolution vermehrt mit Konflikten zu rechnen ist, in denen die „klassischen" Grenzlinien zwischen Natur und Gesellschaft verflüssigt werden: Neue Technik-Natur-Hybriden unterminieren die gesamte bisher angewandte Grammatik von

Vertretung (jemand vertritt jemanden oder etwas vor jemandem). Die aktuellen Debatten um selbstfahrende Autos oder um Leihmutterschaft geben nur einen Vorgeschmack auf solche Veränderungen.[8]

Das demokratische Paradox besteht nun darin, dass Verfahren und Gehalte nicht isoliert voneinander, sondern nur im wechselseitigen Bezug erschlossen werden können. Einen unmittelbaren Zugang zu einer Idee des Guten gibt es unter den Bedingungen von Freiheit und Pluralismus nicht. Es zeigt sich auch, dass ein technisch verstandenes und auf einer überkommenen Dichotomie von Natur und Gesellschaft basierendes Repräsentationsverständnis unzureichend ist und nicht in der Lage, als normatives Prinzip für die ethische Legitimation der Demokratie zu sorgen. Deshalb ist nach einer Erneuerung dieses Prinzips zu fragen. Wesentliche Anstöße hierzu kommen von Judith Butler. Von ihren Überlegungen zur „performativen Theorie der Versammlung" gehen vor allem zwei wichtige Impulse für die Demokratietheorie aus.

Niemand, so Butler, handelt, „ohne dass die Bedingungen dazu gegeben sind, auch wenn wir manchmal handeln müssen, um genau diese Bedingungen zu schaffen oder zu erhalten."[9] Formen verkörperten Handelns – exemplarisch: die protestierende, bestreitende Versammlung – rücken somit als genuine Form politischen Handelns in den Fokus. Butler erkennt darin ein Ausdruckshandeln, das vor thematisch-inhaltlichen Stellungnahmen zur politischen Debatte angesiedelt ist und zum Ziel hat, den Rahmen zu problematisieren, innerhalb dessen über Sinn und Möglichkeit politischen Handelns überhaupt befunden wird. „Gemeinsam-Handeln" ist in dieser Perspektive gegenüber dem „Etwas-Sagen" der politisch fundamentalere Akt. Das Recht auf Versammlungsfreiheit steht demokratielogisch in den Augen Butlers deshalb noch vor dem der Meinungsfreiheit.[10]

Ein zweiter Gedanke setzt beim Begriff der „Volkssouveränität" an, der für die Demokratietheorie zentral ist und den Kern des Repräsentationsdenkens ausmacht. Butler spricht von der „Dissonanz zwischen Inszenierung und Repräsentation" des Volkes und erkennt darin das Kernparadox demokratischer Versammlungen.[11] Mit der über Wahlen ermöglichten Stellvertretung des Volkswillens sei die dem Volk eigene Souveränität nicht vollständig erschöpft. Sie gehe über den Wahlakt hinaus: „Ein Teil der Volkssouveränität bleibt unübersetzbar, nicht übertragbar, ja sogar unsubstituierbar, daher kann sie Regime sowohl wählen wie auch auflösen."[12] Die Souveränität des Staates, der auf den ersten Blick mit dem Instrument des Rechts die Mechanismen der Repräsentation einsetzt, ist Resultat und noch einmal abhängig von einer vorgängigen Volkssouveränität. Butler fasst dieses Verhältnis in drei Kernsätzen zusammen: „(1) Die Volkssouveränität ist eine Form der reflexiven Selbstgestaltung, die von dem repräsentativen Regime zu trennen ist, welches durch sie legitimiert wird; (2) sie entsteht im Verlauf ebendieser Trennung; (3) sie kann kein Regime legitimieren, ohne von diesem getrennt, das heißt teilweise außerhalb von dessen Kontrolle zu sein und nicht von ihm instrumentalisiert zu werden, und ist dennoch die Grundlage, auf der sich eine rechtmäßige Regierung durch faire und inklusive Wahlen bildet […]."[13]

Durch eine so verstandene, grundständige Volkssouveränität ist ein Prinzip begründet, das den technischen Vollzug des repräsentativen Systems der Demokratie kontinuierlich öffnet. Volkssouveränität schließt – neben der Legitimation einer Regierung – auch Akte des Widerstands und der Kritik mit ein, durch welche die Frage nach dem richtigen und guten Leben jeweils neu und mitunter querstehend zur policy-Agenda des institutionalisierten Politikbetriebs auf die Tagesordnung gesetzt wird.

Mit dem Paradox repräsentativer Politik, das ist die verhalten optimistische Schlussfolgerung, sollte man leben können. Wie Regel und Ausnahme verhalten sich die verschiedenen Pole der Repräsentation. Für den politischen Alltag ist der über Wahlverfahren gesteuerte und stets verbesserungswürdige Betrieb politischer Institutionen und Verfahren ein unumgänglicher und notwendiger Weg. Politik in diesem Sinne wird ihre Legitimität aber nur erhalten können, wenn sie sich ein Bewusstsein dafür erhält, dass es fortlaufend „Ereignisse der Ermächtigung“ von außerhalb ihrer selbst geben kann, in denen die bisherigen Grundlinien ihres Spielfeldes und ihres Handelns neu vermessen und korrigiert werden.[14] Was anderes sind Ereignisse von Revolte und Revolution, die – ob laut und eruptiv oder still und gewaltfrei – an der Wurzel der demokratischen Rechtsstaaten standen und bis heute stehen?

Neue Theorien radikaler Demokratie auf dem Prüfstand[1]

Wolfgang Palaver

Mit dem Begriff Postdemokratie beschreibt der britische Politikwissenschaftler und Soziologe Colin Crouch den Zustand der gegenwärtigen Demokratie.[2] Er versteht darunter die zunehmende Herrschaft wirtschaftlicher Eliten, die durch ihr enges Bündnis mit den politischen Akteuren die Demokratie faktisch auszuhöhlen drohen. Zwar finden Wahlen statt und funktionieren auch die formalen Prozeduren der Demokratie, doch der tatsächliche Einfluss der Politiker, Parteien und somit auch der Wähler(innen) hat an Bedeutung verloren. Ein globalistischer Kapitalismus schränkt den politischen Spielraum von Staaten zunehmend ein. Er scheint mit den Worten der ehemaligen britischen Premierministerin Margret Thatcher alternativlos geworden zu sein: „Es gibt keine Alternative".[3]

1. Was ist Linkspopulismus?

Diese postdemokratische Erstarrung ruft vermehrt populistische Reaktionen hervor. Rechtspopulisten in den westlichen Ländern bieten den Unzufriedenen Sündenböcke als Alternative: Flüchtlinge, Migranten, Muslime, etablierte Parteien, Regierungen oder auch Institutionen wie die Europäische Union.[4] Diese populistische Jagd auf Sündenböcke muss schon aus ethischen Gründen zurückgewiesen werden. Der Populismus ist aber auch aus demokratischen Gründen unhaltbar. Für den Politikwissenschaftler Jan-Werner Müller ist der Populismus durch den moralischen Alleinvertretungsanspruch des Volkes und die Ablehnung des Pluralismus gekennzeichnet: „Populisten sind nicht nur antielitär, sondern grundsätzlich antipluralistisch. Ihr Anspruch lautet stets: Wir – und nur wir – vertreten das wahre Volk. Und ihre politischen Unterscheidungen laufen unweigerlich auf ein moralisches richtig oder falsch hinaus; nie allein auf rechts und links. Kein Populismus ohne moralisch aufgeladene Polarisierung."[5]

Auf die Rechtspopulisten trifft Müllers Kritik ausnahmslos zu. Gilt sie aber auch für den Linkspopulismus? Zuerst ist festzuhalten, dass sich Linkspopulisten von einer Sündenbockjagd auf Migranten oder Muslime genauso distanzieren wie von der direkten Benennung konkret zu bekämpfender Feinde. Die in London lehrende belgische Politikwissenschaftlerin Chantal Mouffe, die ausdrücklich zum linkspopulistischen Widerstand gegen die Hegemonie des Neoliberalismus aufruft, vermeidet die Personalisierung von Volksfeinden: „Während der rechtsgerichtete Populismus Immigranten oder Muslime als Kontrahenten betrachtet, sollte der Kontrahent einer linksgerichteten populistischen Bewegung die Konfiguration der Kräfte sein, auf denen die neoliberale Hegemonie basiert."[6] Im Unterschied zum Rechtspopulismus lehnen die Vertreter einer radikalen Demokratie den vorhandenen Pluralismus nicht ab und distanzieren sich von der Annahme eines homogenen Volkes. Mouffe weist die Vorstellung von einer „Einheit" des Volkes entschieden zurück.[7] Weil der konstitutive Pluralismus in der Demokratie von den Linkspopulisten ausdrücklich anerkannt wird, finden sie in Müllers Kritik des Populismus nur als Kuriosität Erwähnung. Er fragt etwas irritiert, worum sich diese Gruppen überhaupt auf das „Volk“ berufen wollen.[8] Müllers Definition des Populismus trifft auf jene von Mouffe angegebenen Beispiele wie Jean-Luc Mélenchon in Frankreich, Bernie Sanders in den USA, Podemos in Spanien und Syriza in Griechenland gar nicht zu.[9] Mouffe ist schon durch ihren aus Argentinien stammenden, inzwischen verstorbenen Ehemann Ernesto Laclau von populistischen Strömungen in Lateinamerika geprägt, die nicht mit den in Europa oder in den USA vorhandenen Populismen identisch sind. Ähnlich betont der aus Argentinien stammende Papst Franziskus in einem Interview, in dem er den Rechtspopulismus scharf zurückweist, dass er anfänglich den Begriff Populismus aufgrund seiner anderen Verwendung in Lateinamerika gar nicht verstanden habe.[10]

2. Radikale Demokratie zur Stärkung der Gleichheit

Vertreter der radikalen Demokratie wollen die postdemokratische Erstarrung überwinden, um so den Rechtspopulismus an seiner Wurzel zu treffen. Nach Colin Crouch braucht es eine Erneuerung der Demokratie aus ihren egalitären Wurzeln. Er tritt für die politische Empörung gegen die globale Vorherrschaft der Unternehmen ein und hofft auf die Mobilisierung neuer Bewegungen, die zu einer „Vitalisierung der Demokratie“ beitragen.[11] Klar weist er den sozialdemokratischen „Dritten Weg“ der letzten Jahrzehnte zurück und tritt für eine populistische Infragestellung der herrschenden Eliten ein. Vertreter eines radikaldemokratischen Ansatzes wie Slavoj Žižek oder Chantal Mouffe kritisieren ähnlich wie Colin Crouch vor allem die politische Linke, der sie die fortschreitende Entpolitisierung vorwerfen, die jeden politischen Widerstand gegen die global herrschende Wirtschaft unmöglich macht und die Menschen in die Arme der Rechtspopulisten treibt. Schon Ende der 90er Jahre hat Slavoj Žižek auf dieses Phänomen aufmerksam gemacht. Mit Verweis auf Pat Buchanan in den USA und Jean-Marie Le Pen in Frankreich sah er nur noch bei den Rechtspopulisten einen politischen Widerstand gegen die globale Herrschaft des Marktes, während die moderaten Linken wie Tony Blair und Bill Clinton die von der Wirtschaft vorangetriebene Entpolitisierung kampflos akzeptierten.[12] Mit Jacques Rancière tritt Žižek für ein populistisches Verständnis von Politik ein, in dem die gesellschaftlich Ausgeschlossenen ihren Platz in der Gesellschaft wieder einfordern. Die notwendige Politisierung der Gesellschaft leitet sich aus der prinzipiellen Gleichheit aller Menschen ab. Politik wird dabei auf jene Mitglieder des *demos* im antiken Griechenland zurückgeführt, die aus der hierarchisch geordneten Herrschaftsordnung ausgeschlossen waren und gegen diesen Ausschluss ihre Stimme erhoben, indem sie sich selbst als ganzes Volk den Herrschenden gegenüberstellten: „Wir – das ‚Nichts', das in der Ordnung nicht zählt – sind das Volk, wir sind Alle, die sich gegen die anderen stellen, die selbst nur für die partikularen privilegierten Interessen stehen."[13]

Auch Chantal Mouffe kritisiert eine politisch zu zahme Linke. Besonders interessant ist dabei ihre Auseinandersetzung mit dem Aufstieg der rechtspopulistischen FPÖ unter Jörg Haider in Österreich. Nach Mouffe darf dieser nicht vorschnell auf eine österreichische Nazi-Nostalgie zurückgeführt, sondern muss vielmehr als Reaktion auf die österreichische Konsens-Demokratie mit ihrer Tendenz zur Entpolitisierung verstanden werden. Nach Mouffe gelang es Haider, einen „mächtigen Pol kollektiver Identifikation" gegen das Establishment der „Konsens-Eliten" zu errichten.[14] Mouffe betont, dass zur Politik immer auch die Unterscheidung eines „Wir" von einem „Sie" gehöre: „Auf dem Gebiet der kollektiven Identitäten haben wir es immer mit der Schaffung eines ‚Wir' zu tun, das nur bestehen kann, wenn auch ein ‚Sie' umrissen wird."[15] Weil die Linke den politisch lahmen Konsens einer auf Gegnerschaft zielenden agonistischen Demokratie vorziehe, bewirke sie indirekt, dass alle politische Leidenschaft in das Lager der Rechtspopulisten auswandere. Nach Mouffe braucht es eine Politisierung im Sinne einer bewusst gesuchten politischen Gegnerschaft. Nur diese könne vor dem Abrutschen in jenes Feinddenken bewahren, das die Rechtspopulisten gegen Fremde ausagieren. Für Mouffe ist die Demokratie vom Spannungsverhältnis zwischen Freiheit und Gleichheit, d. h. zwischen „der liberalen Tradition der Herrschaft des Gesetzes und individueller Rechte sowie der demokratischen Tradition der Volkssouveränität" gekennzeichnet.[16] Durch die postdemokratische Hegemonie des Neoliberalismus sei aber das egalitäre Element der Volksherrschaft stark in den Hintergrund getreten. Die Freiheit droht die Gleichheit in die Bedeutungslosigkeit abzudrängen. Ähnlich wie Žižek tritt daher auch Mouffe für eine Repolitisierung der Demokratie ein, indem Parteien des linken Spektrums die Menschen wieder für eine gerechte und egalitäre Gesellschaft mobilisieren.

Für Mouffe gibt es keine Einheit des Volkes, sondern ein immer schon „gespaltenes" Volk.[17] Gemeinsam mit Ernesto Laclau entwickelte sie eine Theorie der radikalen Demokratie, die von einem grundsätzlich unüberwindbaren Antagonismus in der Gesellschaft ausgeht.[18] Für ein besseres Verständnis dieses Antagonismus ist auf ihre Unterscheidung zwischen „Politik" und dem „Politischen" hinzuweisen. Mit Politik meint sie die Praktiken, Diskurse und Institutionen, die zur Organisation des menschlichen Zusammenlebens dienen. Demgegenüber bezieht sich das Politische „auf die Dimension des Antagonismus, der viele Formen annehmen und in unterschiedlichen sozialen Beziehungen zutage treten kann. Es ist eine Dimension, die sich niemals gänzlich eliminieren lässt."[19] Mit dieser Unterscheidung rückt Mouffe in die gefährliche Nähe jener Freund-Feind-Unterscheidung, die Carl Schmitt zum Kriterium des Politischen erklärte. Diese Tuchfühlung mit dem politischen Feinddenken ist aus der Sicht einer christlichen Sozialethik nicht unproblematisch. Doch bevor hier vorschnell dieser Entwurf einer radikalen Demokratie verworfen wird, sollen zuerst die berechtigten Anliegen in den Blick genommen werden.

3. Alternativen, Konflikte, Leidenschaften

Mouffe ist erstens zuzustimmen, dass es Alternativen zum vorherrschenden Modell des globalistischen Neoliberalismus braucht. Eine fatalistisch hingenommene Alternativlosigkeit treibt die Menschen tatsächlich in die politische Apathie oder in die Arme der Rechtspopulisten. Es genügt ein Blick in das apostolische Schreiben *Evangelii gaudium* oder in die ökosoziale Enzyklika *Laudato si'* von Papst Franziskus, um zu zeigen, dass schon allein die christliche Hoffnung einem fatalistischen Hinnehmen der ökonomischen oder politischen Gegebenheiten entgegensteht. So heißt es im ersten Text, dass „ein authentischer Glaube […] immer den tiefen Wunsch einschließt, die Welt zu verändern. […] Alle Christen […] sind berufen, sich um den Aufbau einer besseren Welt zu kümmern. […] Die Soziallehre der Kirche ist in erster Linie positiv und konstruktiv, sie bietet Orientierung für ein verwandelndes Handeln, und in diesem Sinn hört sie nicht auf, ein Zeichen der Hoffnung zu sein."[20]

Mouffes theoretische Gegner sind liberale Denker wie Jürgen Habermas, denen sie vorwirft, dass sie einen durch Rationalismus und Individualismus geprägten Universalismus vertreten und deshalb sowohl die konflikthafte Seite des Politischen ausblenden als auch die auf dem Feld der Politik wichtige Kraft der Leidenschaften. Eine christliche Sozialethik scheint hier auf den ersten Blick wohl näher bei Habermas als bei Mouffe zu stehen. Aber auch hier gilt es, genauer hinzuschauen und die berechtigten Anliegen der Politologin zu würdigen. Auch wenn Christ(inn)en oft eher zum Ausweichen vor Konflikten neigen, hat beispielsweise die katholische Soziallehre durchaus verstanden, dass politische Interessenskonflikte nicht unter den Teppich gekehrt werden dürfen. Schon in der ersten Sozialenzyklika *Rerum novarum* wird das Faktum der Spaltung der Gesellschaft in Klassen ungeschminkt angesprochen. Und obwohl die Kirche das Konzept des marxistischen Klassenkampfes von Anfang an ablehnte, weiß sie, dass es die „ehrliche, vom Gerechtigkeitswillen getragene Auseinandersetzung zwischen den Klassen" braucht.[21] Johannes Paul II. betonte die „positive Rolle des Konfliktes", wenn dieser als „Kampf für soziale Gerechtigkeit" verstanden wird.[22] Noch deutlicher erklärt Papst Franziskus, dass Konflikte nicht vermieden werden sollen: „Der Konflikt darf nicht ignoriert oder beschönigt werden. Man muss sich ihm stellen."[23] Er selbst hat mit seiner Kritik am vorherrschenden Neoliberalismus ein Beispiel gegeben. Einer „Wirtschaft der Ausschließung und der Disparität der Einkommen" stellte er ein entschiedenes „Nein" entgegen und behauptet unmissverständlich, dass „diese Wirtschaft tötet"[24]. Und er scheut auch nicht vor leidenschaftlicher Rhetorik zurück, wenn er sich für soziale Gerechtigkeit einsetzt. Ähnlich wie Vertreter der radikalen Demokratie ruft er zur gerechten Empörung auf: „Ungerechtigkeiten" müssen uns „in Wut versetzen", denn „wir dulden weiterhin, dass einige sich für würdiger halten als andere"[25]. Und dort, wo das Recht durch Korruption geschwächt ist, setzt er vor allem auf die Verantwortlichkeit der lokalen Bevölkerung, die hier oft moralisch und sachlich kompetenter ist. In solchen Fällen „ist eine politische Entscheidung auf Druck der Bevölkerung erforderlich“[26]. Deutlich klingt hier die vom Papst vertretene „Theologie des Volkes“ durch.

4. Der Agonismus verlangt nach einer Kultur der Geschwisterlichkeit

Mouffe ist sich der Problematik des Schmitt'schen Feinddenkens durchaus bewusst. So betont sie ausdrücklich, dass es für sie beim demokratischen Kampf um die Umwandlung des Antagonismus in einen Agonismus, um die Umwandlung der Feindschaft in Gegnerschaft geht. Die Unterscheidung zwischen Feind und Gegner ist für Mouffe von zentraler Bedeutung. Gegner sind „ein Teil der demokratischen Gemeinschaft und [...] ein Teil der Konfrontation, während ein Feind natürlich jemand ist, dem du das Recht, seine Differenzen auszudrücken, verwehrst“[27]. Mouffe betont deshalb den rechtsstaatlichen Rahmen für eine agonistische Demokratie, denn die notwendigen politischen Konflikte bedürfen eines durch „Institutionen und formelle Rechtsgrundlagen“ gezähmten politischen Raumes.[28] Ausdrücklich unterstreicht sie mit Verweis auf das Schicksal der Juden in Deutschland die Notwendigkeit „parlamentarischer Institutionen“, die verhindern sollen, dass die agonistische Konfrontation sich in die antagonistische Vernichtung verwandelt.[29] Positiv sieht sie auch das Bemühen von Politikern wie Monnet oder Schuman, die in Europa Institutionen aufbauten, um den Antagonismus zwischen Frankreich und Deutschland zu überwinden.[30]

Dennoch müssen auch die Probleme benannt werden, die Mouffes agonistische Demokratie begleiten. Sosehr es richtig ist, dass Leidenschaften unauflöslich mit der politischen Identitätsbildung verbunden sind, so dürfen damit verbundene Gefahren nicht übersehen werden. Am leichtesten lassen sich Gruppen emotional gegen äußere Feinde einen. Je konkreter diese benannt werden, desto einfacher ist eine Einigung gegen sie. Obwohl sich Mouffe deutlich von der populistischen Fremdenfeindlichkeit distanziert, muss wohl auch sie zur Kenntnis nehmen, dass sich das Volk leichter nationalistisch als linkspopulistisch mobilisieren lässt. Schon Carl Schmitt bemerkte während der Weimarer Republik, dass „die Energie des Nationalen größer ist als die des Klassenkampfmythus“[31]. Auch heute erweist sich der Nationalismus als attraktiver.

Aus der Sicht einer christlichen Sozialethik stellt sich die Frage der Leidenschaften letztlich als religiöse Frage, denn zumindest seit Augustinus wird das Ziel der Liebe eines Volks zum entscheidenden Kriterium seiner ethischen Bewertung. Wo allein innerweltliche materielle Vorteile im Zentrum dieser gemeinsamen Liebe stehen, bleiben Streit, Gewalt und Krieg ihre ständigen Begleiter. Um Frieden zu erreichen, braucht es hingegen die Ausrichtung auf Gott als dem höchsten Gut. Es ist diese religiöse Orientierung, die die Tradition der katholischen Soziallehre als sozio-kulturelle Einbettung von Wirtschaft und Politik von Anfang an immer wieder betonte. Heute müssen wir im interreligiösen Dialog und auch im Dialog mit nicht-religiösen Menschen gemeinsame Ziele für unsere Leidenschaften suchen, die uns den politischen Streit agonistisch austragen lassen.

Für Mouffe gibt es grundsätzlich keine Möglichkeit einer versöhnten Menschheit. Die „Unauslöschlichkeit von Gegensätzen und Antagonismen“ müsse zur Kenntnis genommen werden und sie sei die bleibende Voraussetzung einer agonistischen Demokratie. Damit neigt Mouffe zu einer Ontologie des Konflikts und der Gewalt, die es fraglich erscheinen lässt, ob der politische Streit in der Demokratie dauerhaft vor dem Abgleiten ins Feinddenken bewahrt werden kann.

Die christliche Sozialethik hat sich gerade aufgrund ihrer grundsätzlichen Ausrichtung auf Gott hin immer gegen eine Unausweichlichkeit von Kampf und Gewalt ausgesprochen. Das jüngste Beispiel für diese Haltung ist Papst Franziskus, der trotz seiner Konfliktfreudigkeit gleichzeitig auch die Einheit dem Konflikt überordnet: „Die Einheit steht über dem Konflikt."[32] Dieses für seine Sozialethik wichtige Prinzip ist eng mit seiner wiederholten Betonung der Geschwisterlichkeit verbunden. Im Blick auf Europa sieht er darin die Absage an den gefährlichen Populismus: „Als die großen Politiker der Nachkriegszeit wie Schuman oder Adenauer von der Einheit Europas träumten, schwebte ihnen nichts Populistisches vor, sondern die Verbrüderung Europas, vom Atlantik bis zum Ural. […] Populismus ist böse und endet schlecht, wie das vergangene Jahrhundert gezeigt hat."[33] Nur eine von der Grundhaltung der Geschwisterlichkeit geprägte politische Kultur ermöglicht eine agonistische Demokratie.[34] Die Geschwisterlichkeit gehört wesentlich zu Freiheit und Gleichheit dazu und muss diese vor Einseitigkeiten bewahren. Es geht hier um eine wichtige vorpolitische Voraussetzung jeder menschengerechten Demokratie, die Vertreter der radikalen Demokratie nicht übersehen dürfen, wollen sie den gefährlichen Sackgassen des Populismus entkommen.

Europa als populistisches Feindbild – oder: was spricht für die Legitimität der Europäischen Union?

Christof Mandry

Im Blick auf Europa und die Zukunft der europäischen Einigung hat sich seit dem Scheitern des Verfassungsvertrags 2004 nicht nur Ernüchterung breitgemacht, sondern auch Sorge. Die anti-europäischen Einstellungen, die sich in vielen politischen Parteien und Bewegungen artikulieren, geben auch wirklich Anlass zur Sorge. All das, was in den letzten 60 Jahren in Europa aufgebaut wurde, wird wieder in Frage gestellt. Denn diesseits aller Unzulänglichkeiten steht die Europäische Union doch für die Verbreitung und Etablierung der Demokratie in den Staaten und Gesellschaften Europas, für die Überwindung von Nationalismus und nationaler Engstirnigkeit und somit für eine europäische Friedenssicherung, die mehr ist als die Abwesenheit bewaffneter Konflikte entlang jahrhundertealter Konfliktlinien. Auch die Verankerung von Rechtsstaatlichkeit, sozialem Ausgleich und transnationaler europäischer Solidarität sind mit dem „Projekt Europa" verbunden. Auch wenn vieles nur in unzulänglicher Weise verwirklicht wurde: Der anti-europäische Populismus und der Wunsch – im Falle Großbritanniens: der Plan –, aus der Europäischen Union auszutreten, stellen den Rückfall in eine vor-europäische politische Ära als reale Möglichkeit in den Raum. Nicht das Wie, sondern das Ob einer europäischen Integration steht in Frage.

Die Gründe dafür sind vielfältig und haben nur teilweise mit der konkreten EU-Politik zu tun. Neben der Bürgerferne vieler europäischer Entscheidungen sorgen auch globale Vorgänge wie Migration, ökonomische Globalisierung und Terrorismus für Verunsicherung und scheinen den Rückzug auf den nationalen Rahmen zu empfehlen. Aber hinter dem Aufschwung anti-europäischer Bewegungen und der Los-von-Europa-Stimmung stecken nicht nur aktuelle politische Motive, sondern auch grundlegende Zweifel hinsichtlich der europäischen Solidarität. Gehören die Menschen in Europa wirklich in einer so verbindlichen Weise zusammen, dass sie einander als Bürger eines gemeinsamen politischen Verbundes vertrauen können? Auch hinsichtlich dieser in den letzten 60 Jahren viel beschworenen Zusammengehörigkeit der Europäer und ihrer Belastbarkeit ist Ernüchterung eingekehrt. Was kann wirklich als Basis eines europäischen politischen Verbandes, einer europäischen Union dienen?

Zunächst ist die Frage eigentlich einfach zu beantworten: Sie kann nur auf dem politischen Willen zur Zusammenarbeit gründen. Dieser politische Wille muss letztlich der des demokratischen Souveräns sein. Und wenn die Bürgerinnen und Bürger in Europa entscheiden, nicht mehr kooperieren zu wollen – wie es beim Brexit der Fall ist und wie es von Parteien in etlichen EU-Mitgliedstaaten angestrebt wird –, gibt es eben keine Mitgliedschaft mehr.

Freilich ist die Frage damit nur verschoben. Worauf könnte sich denn ein politischer Wille vernünftigerweise stützen? Welche Gründe kann es für die europäische Integration geben? Die Motivationen der Gründergenerationen überzeugen vielfach nicht mehr, sie haben vielleicht angesichts aktueller Herausforderungen an Überzeugungskraft verloren. Daher gilt es, alte Gründe kritisch zu überprüfen und neue für die europäische Einigkeit zu finden. Auch das Gegenteil ist kritisch in Frage zu stellen: Welche Gründe sprechen für einen EU-Austritt und den nationalen Alleingang? Drei idealtypische Argumente werden im Folgenden diskutiert werden. Es wird sich zeigen, dass sie weder eindeutig für noch eindeutig gegen die europäische Einigung sprechen. Diese pro-europäischen Argumente stehen nicht isoliert, sie können sich durchaus überlappen. Außerdem sind sie möglichst nah an Vorstellungen, die auch Anti-Europäern wichtig sind: Europäische Integration als Ausdruck einer kulturellen Einheit, Europa als Menschenrechtsprojekt, Europa als Rettung europäischer Souveränität unter Globalisierungsbedingungen, und schließlich Europa als ein pragmatisches Projekt.

1. „Modell Abendland": Europa als Kulturgemeinschaft

Es ist eine weit verbreitete Vorstellung, dass Europa ein kulturell oder geschichtlich verbundener Raum ist. Fraglich ist hingegen, welche politischen Konsequenzen daraus gezogen werden. Pro-Europäer wollen die politische Einigung auf die gemeinsame europäische Kultur bauen. Anderen dient die Affirmation des „Abendlandes" nur dazu, fremdartige Andere als „unzugehörig" zu brandmarken; ihnen dient die europäische Kultur nur als Hintergrundfolie für das Beschwören ihres jeweiligen nationalen Charakters. Eine Basis für die europäische Integration gibt die Idee der europäischen Kulturgemeinschaft also nur her, wenn man sie als bedeutender und grundlegender als die unterschiedlichen nationalen Gemeinsamkeiten ansieht.

Tatsächlich ist der Ausdruck „Europa" nicht nur geografisch und irgendwie globalpolitisch-großräumlich gemeint, sondern bezeichnet eine kulturelle und historische Verbundenheit, die sich aus einer langen kulturgeschichtlichen Entwicklung ergibt. Dabei haben die römische Zivilisation, die christliche Religion und gemein-europäische künstlerische, literarische, philosophische und politische wie ökonomische Strömungen und Entwicklungen ihre jeweils bedeutende Rolle gespielt, so dass „Europa“ sich als eine ideen- und mentalitätsgeschichtliche Verflechtung mit klarem politischen und institutionellen Niederschlag ausgebildet hat. Politisch relevant für die europäische Einigung wurde dies in dem Moment, als die kulturell-zivilisatorische Verflochtenheit auch als Zugehörigkeitsbasis eines politischen Vertrauens und der politischen Verbundenheit – die dann noch politisch-institutionell ausgestaltet werden musste – erkannt wurde.

Analysiert man dies näher, ist zu erkennen, dass es sich um ein Solidaritätsargument handelt. Die schillernde Abendland-Tradition formuliert es ebenso wie die emphatische Bezeichnung Europas als christlicher oder christlich geprägter Kontinent oder als Kontinent der Aufklärung und der Moderne: Die europäische Zusammengehörigkeit als Basis für politische Solidarität in Europa ist gewissermaßen historisch-kulturell bereits vorhanden, sie muss nur noch politisch ratifiziert werden. Dies meinte auch Papst Johannes Paul II., als er von den zwei Lungenflügeln sprach, mit denen Europa wieder atmen solle. Gemeint waren die ost- und die westkirchliche Tradition in Europa, über die die Spaltung Europas nach dem Fall des Eisernen Vorhangs wieder überwunden werden sollte.

Es ist viel diskutiert worden in den europäischen Identitätsdebatten, worin genau diese vor-politische kulturelle Grundlage besteht. Woran kann Europäisch-Sein festgemacht werden? Woran erkennen und anerkennen Europäer sich als Europäer, und ist diese Basis stabil genug, um als Vertrauensbasis einer politisch belastbaren Zugehörigkeit zu fungieren? Taugt Religion als eine solche Basis? Heute ist unverkennbar, wie umstritten die Identifikation Europas mit dem Christentum ist. Weder ist die europäische Kultur durch und durch christlich – sie schließt nämlich auch andere Religionen und Kulturströme ein; noch bedeutet das christliche Erbe Europas allen Europäern gleich viel; noch ist es theologisch besonders überzeugend, aus der Christentumsgeschichte in Europa eine besondere theologische Bedeutung für die politische Einigung Europas abzuleiten, da der christliche Glaube eine universale Dimension hat. Erfolgreicher ist es vielleicht, auf die gemeinsamen historischen Erfahrungen der Europäer im 20. Jahrhundert Bezug zu nehmen und aus ihrem gemeinsamen Leiden unter Nationalismus, Weltkriegen, rassistischer und ideologischer Verfolgung und Zerstörung eine gemeinsame Lehre zu ziehen: nie wieder, nie wieder Gegnerschaft unter Europäern. Dies war – und ist es noch für viele Menschen – zweifellos ein zentrales Motiv der europäischen Einigung. Insbesondere die Gründergeneration hat dies sehr bewegt. Europa ist wesentlich ein Projekt der Friedenssicherung und der Friedensgestaltung durch Annäherung und Aussöhnung. Aber es hat sich auch viel verändert, und viele Unterschiede haben neue Bedeutung gewonnen. Dabei ist deutlich geworden, dass die geschichtlichen Erfahrungen eben doch nicht gleich sind: Zu unterschiedlich sind die Erfahrungen von Tätern und Opfern, Mittätern und Opfern, die auch Täter sind, in Europa verteilt. Das Leiden unter Weltkriegen, Zerstörung und Vertreibung wurde unterschiedlich wahrgenommen und unterschiedlich in kollektiven Erinnerungen bewahrt. Auch der Eiserne Vorhang sah von Osten oder von Westen aus ganz unterschiedlich aus. Mit seinem Fall und dem Beitritt ehemaliger Ostblockstaaten zur EU werden europaweit unterschiedliche Deutungen verbunden. Auch die Globalisierung wird in Europa ganz unterschiedlich erlebt, erzählt und gedeutet. Gibt es überhaupt gemeinsame Erfahrungen in Europa oder gibt es nur einzelne nationale Geschichten und Erzählungen?

Lässt sich diese Vielfalt soweit auf einen Nenner bringen, dass daraus die Grundlage für die europäische Einigung zu gewinnen ist? Momentan offenbar nicht, denn gerade aus diesen je eigenen Erzählungen ziehen die anti-europäischen Kräfte die Plausibilität für ihre Anhänger.

Allerdings könnte man einwenden, dass eine solche historisch-kulturelle Verbundenheit auch überbewertet wird. Gerät nicht aus dem Blick, dass europäische Solidarität faktisch aus der politisch-ökonomischen Verflechtung erwächst, dass sich gewissermaßen eine Schicksalsgemeinschaft seit dem Zweiten Weltkrieg gebildet hat, nämlich einerseits als Ergebnis der europäischen Integration, andererseits aber einfach als Resultat der globalen politischen und ökonomischen Lage. Die entwickelten Volkswirtschaften Europas stehen heute nicht nur vor ähnlichen demografischen, ökonomischen und ökologischen Problemen, sondern sind auch faktisch voneinander abhängig, so dass die Schwäche des einen die Schwäche des anderen nach sich zieht. Im Kontext des anti-europäischen Populismus steht freilich in Frage, wie das zu bewerten ist: Ist diese Verflechtung nicht bereits zu eng, so dass sie sich negativ auswirkt und die Möglichkeiten rationaler Politik durch ständige Rücksichtnahme bzw. durch die rechtliche oder faktische Haftung untereinander verringert? Dann mag es als vorteilhafter erscheinen, diese schicksalhafte Verflochtenheit wieder zu lösen und entweder allein oder mit maßgeschneiderten Kooperationen weiterzumachen. Das ist die Idee hinter dem Brexit. Ein Austritt aus der EU kann realistisch gesehen jedoch keine Isolation bedeuten, denn politische Kooperationen sind vorteilhaft, letztlich unvermeidlich und bedürfen auch verbindlicher Regelungen. Kooperationen sind natürlich auch außerhalb des EU-Systems möglich – das ist die mit dem Brexit verfolgte Option. Allerdings steigen die Transaktionskosten erheblich an, je mehr Staaten die opt-out-Karte ziehen und dann mit einer Vielzahl an Staaten wieder bilaterale Verträge schließen müssen. Daran zeigt sich, dass die Verflochtenheit doch recht eng ist und gewissermaßen die europäische Integration in irgendeiner Form jedes Mal wieder neu erfunden werden müsste, nur jetzt auf intergouvernementalem Weg. Ziemlich sicher wäre es einfacher, in der EU zu bleiben und sie von innen her zu verändern. Diesem pragmatischen Argument wird aus der anti-europäischen Bewegung mit dem Rückgewinn an nationaler Souveränität entgegnet. Lässt sich nationale Souveränität nur außerhalb der EU retten?

2. Souveränität mit oder ohne europäische Integration?

Eine Hauptsorge der anti-europäischen Bewegungen gilt der nationalen Souveränität. Sie gilt es in ihren Augen wiederzugewinnen. Denn die Verlagerung vieler nationaler Kompetenzen auf die europäische Ebene hat den Nationalstaat in seinem Handlungsspielraum begrenzt und dazu geführt, dass unter Umständen – wenn auch nicht so häufig, wie viele meinen – auch Entscheidungen mitgetragen werden müssen, für die es auf nationaler Ebene keine Mehrheiten gibt. Allerdings ist die Bedeutung der Integration der Nationalstaaten in das politische Rahmenwerk der EU unter Souveränitätsgesichtspunkten umstritten: Die Proeuropäer argumentieren nämlich, dass die europäische Einigung der staatlichen Souveränität keineswegs schadet. Im Gegenteil, sie „hebt" die Souveränität der Mitgliedstaaten im Hegelschen Sinne „auf", indem sie sie von der Ebene der Gegensätze auf eine höhere Integrationsebene führt, wo sie gewissermaßen gerettet wird.

Freilich kann durchaus in Frage gestellt werden, ob heute noch in sinnvoller Weise von der Souveränität europäischer

Staaten gesprochen werden kann. Diesem Begriff haftet unter heutigen Bedingungen etwas Nostalgisches an. Souveränität bedeutet ja, dass jeder einzelne Staat die letzte Instanz und Quelle seines Rechts ist und er keinem höherstufigen Recht unterworfen ist. Der Staat kann dieser Idee zufolge zum einen völlig unabhängig seine innere Gestalt bestimmen – als Ausdruck der Souveränität des Staatsvolks – und zum anderen seine Außenbeziehungen rechtlich ungebunden vornehmen. Letzteren Aspekt bezeichnet die Staatssouveränität. Nimmt man die Staatssouveränität ernst, dann ist das Völkerrecht immer nur Vertrags- und Gewohnheitsrecht, also Recht, was letztlich auf die freie Setzung der Staaten zurückgeht und von ihnen grundsätzlich auch jederzeit gekündigt werden kann.

Vom Standpunkt der Menschenrechte aus lässt sich eine solch weitgehende Souveränität der Staaten weder nach innen noch nach außen behaupten. Seit dem 20. Jahrhundert sehen wir Staaten nämlich keineswegs mehr in diesem umfassenden Sinne als souverän an. Sie sind vielmehr nach innen an unveräußerliche Rechte gebunden, nämlich die Menschenrechte, die anzuerkennen ihnen keinesfalls freisteht, sondern die eine notwendige Bedingung von legitimer Staatlichkeit darstellen. Auch die Volkssouveränität muss vor den Menschenrechten haltmachen und kann z. B. nicht legitim bestimmten Gruppen ihre Bürger- oder Menschenrechte durch Mehrheitsbescheid absprechen. Außenpolitisch gilt das analog, jedenfalls soweit eine menschenrechtliche Interpretation des Völkerrechts vertreten wird: Staaten sind sehr wohl verantwortlich, und nicht nur in einem moralischen Sinne, wie sie mit ihren Bürgern, aber auch mit fremden Bürgern umgehen. Ihre Souveränität besteht gerade nicht in der Ungebundenheit, sondern in der wirkungsvollen Bindung an die Menschenrechte. Das heißt, ein Staat ist dann souverän, wenn er in der Lage ist, die Menschenrechte seiner Einwohner wirksam zu respektieren und zu schützen.

Freilich lässt sich daraus nur schlussfolgern, dass die Souveränitätseinschränkung in der EU nichts Außergewöhnliches oder Singuläres ist, sondern es sich eben heute mit modernen Staaten so verhält. Das hebelt das Argument der Anti-Europäer noch nicht aus, dass das Volk als Souverän nur daran gebunden sein kann, wozu es sich frei entschließt, und folglich seine Souveränitätsübertragung an internationale Organisationen auch widerrufen kann. Der Brexit, der genau dies vornimmt, ist daher auch nicht als illegitim zu verurteilen. Es wäre anders, wenn europäische Staaten nicht nur aus der EU austreten, sondern auch ihre Verpflichtung gegenüber internationalen Konventionen und Menschenrechtsverträgen widerrufen würden. Aber auch hier muss man zugeben, dass dies durchaus möglich wäre und letztlich auf eine Machtfrage hinausliefe: Ein Staat kann hinreichend mächtig oder auch dazu entschlossen sein, internationale Isolation oder sogar Sanktionen auszuhalten, und eine solche „souveräne" Willkürpolitik verfolgen. Hier zeigt sich ein Schmittscher Grundzug des Souveränitätsgedankens: Souveränität liegt dort vor, wo die Vollmacht zur Willensdurchsetzung und die faktische Kontrolle über die Mittel zur Durchsetzung vorliegen.

Allerdings werden Proeuropäer und Menschenrechtsdenker sofort bemerken, dass sich diese Idee von Souveränität als ziemlich eng entpuppen könnte. Faktisch sind Staaten – zumindest die meisten unter ihnen – in der Isolation keineswegs besonders souverän, wenn Souveränität einschließt, die eigene Politik tatsächlich auch durchsetzen zu können. Faktisch wird staatliche Souveränität durch internationale Organisationen, die Abhängigkeit von Finanzmärkten und internationalen Geldgebern, die Verflochtenheit in internationale Regime sowie durch andere Staaten, die wirksam Macht ausüben, ständig eingeschränkt. Sicherheitspolitisch sieht man das etwa an den USA und Russland, die enormen Einfluss in ihren faktischen Einflusssphären ausüben. Gerade kleinen und mittleren Staaten verschafft die Einbindung in internationale Systeme aber auch Handlungsspielräume, die sie als einzelne kaum hätten. Souveränität im Sinne der tatsächlichen Fähigkeit zur politischen Gestaltung führt dann aber wieder zur Frage nach der europäischen Einigung zurück: Die europäischen Staaten können im Alleingang faktisch weder ihre sicherheitspolitischen Probleme bearbeiten noch ihre demografischen Herausforderungen bewältigen, die erforderlichen umweltpolitischen Maßnahmen treffen, der Migration in und nach Europa Herr werden, die ökonomischen Umstände und Folgen der Globalisierung in einer für ihre Bevölkerung förderlichen Richtung beeinflussen, etc. Im Zeitalter der Globalisierung ist es ein rückwärtsgerichteter Traum zu denken, erfolgreiche Politik ließe sich am besten durch souveräne Einzelstaatlichkeit und internationale Ungebundenheit bewerkstelligen. Diese Argumente gegen nationalpolitische Illusionen und für eine kluge, belastbare und verbindliche Zusammenarbeit mit anderen Staaten, die vor ähnlichen Herausforderungen stehen, führen natürlich noch nicht zwingend zu einem supranationalen Regime, wie es die EU darstellt. Aber sie gibt es nun schon einmal und sie müsste nicht neu erfunden werden. Souveränität wäre jedenfalls kein Argument gegen, sondern eher für die europäische Integration.

3. Das Europa der Zwecke oder der wechselseitigen Interessen

Was auch immer die sonstigen Motive für die europäische Integration sein könnten, wenden spätestens jetzt politische Realisten ein, es kommt doch letztlich darauf an, dass die Mitglieder ihre Interessen vorteilhaft verfolgen können. Diese Vorteile müssen den Aufwand, den jede Kooperation bedeutet, wert sein. Interessen spielen natürlich in der Politik eine bedeutende Rolle und auch die Anti-Europäer argumentieren mit ihnen. Austrittsbefürworter sehen eben größere Vorteile außerhalb der EU, und all jene Stimmen, die eine andere EU wollen, etwa primär ein Sicherheitsbündnis oder eine Freihandelszone ohne Personenfreiverkehr, sehen in diesen Konzepten die größeren Vorteile. Allerdings neigt die Interessensemantik dazu, eindeutige Präferenzen als „harte Fakten“ vorzustellen und damit zu verdecken, dass in der Politik Interessen nicht das pure Resultat einer nüchternen Kalkulation sind, sondern dass sie ziemlich viel Projektion einschließen und eine Menge ideeller Faktoren wie nationale Größe und Selbstständigkeit als „Interessen“ einrechnen. Dabei ist ja keineswegs gesagt, dass nationale Selbstbestimmung mit besserer Politik einhergeht und in diesem Sinne vorteilhaft ist. Es kommt also sehr darauf an, was als Vorteil verstanden wird, und diese Definition berührt wiederum das Souveränitätsargument. Versteht man Europa aber wirklich eng als zweckgeleitete Politik, dann geht es vorrangig um pragmatische Zwecke. Das geht mit einer Akzentveränderung im Politikverständnis einher: Zweck- und interessenorientierte Europa- oder Anti-Europa-Politik versteht sich nicht so sehr von der Selbstbestimmung von Völkern her, als Ausdruck ihres Freiheitswillens oder ihres Nationalgeistes. Alle Politik ist hier primär Regieren, und Regieren ist Problemlösen. Eine europäische Kooperation und Integration ist also soweit und auch nur soweit sinnvoll und akzeptabel, solange sie die Interessen der Staaten hinter sich hat.

Freilich ist es nicht so einfach zu definieren, worin die Interessen bestehen. Natürlich könnte man definitorisch festlegen, dass das Regierungshandeln das Interesse der Staaten – oder doch das Interesse des Volkes? – zum Ausdruck bringt. Das ist allerdings zu kurz gegriffen, denn die gängigste Kritik an der Regierung hat ihr ja stets vorgehalten, dass sie diese Interessen falsch versteht oder falsch zur Geltung bringt und dass Regierungen deshalb abgewählt werden müssen. Interessen sind in der Politik stets umstritten und müssen gebündelt und miteinander verwoben und abgewogen, auch gegeneinander aufgerechnet werden. Damit befasst sich der politische Prozess.

Ein Hauptproblem ist, ob und inwieweit es gelingt, in diesem Prozess Interessen wirksam und gerecht abzubilden und politisch zur Geltung zu bringen. Interessen nachgeborener Generationen sind etwa ein viel diskutiertes Problem, oder auch die Interessen von Betroffenen, die als Nichtbürger oder als woanders Lebende sich nicht zu Gehör bringen können. Auch von wohlerwogenen und mittel- oder langfristigen Interessen wäre zu sprechen. Damit schwindet die Selbstverständlichkeit, Kooperationspolitik könne einfach an den Interessen der betroffenen Völker ausgerichtet oder nach ihr entworfen werden. Interessen verstehen sich schlicht nicht von selbst, sondern müssen politisch eruiert werden, dabei bleiben sie immer strittig. Dennoch ist es nicht sinnlos, Interessen zur Basis einer europäischen Integration zu machen. Es könnten ja die gemeinsamen Interessen sein, die die Europäer und Europäerinnen haben und zu deren wirksamerer Durchsetzung sie in einer EU oder sonst einem politischen Regime – oder vielen Regimen, wie die Idee eines Europa der unterschiedlichen Geschwindigkeiten vorschlägt – zusammenarbeiten. Dazu müssen die beteiligten Völker durch ihre Regierungen bzw. ihr politisches System nicht nur die eigenen Interessen möglichst stabil identifizieren, sie müssen sie auch noch als gemeinsame Interessen mit den anderen Europäern (oder den meisten unter ihnen) ausweisen können. Dabei liegt es keineswegs auf der Hand, worin solche gemeinsamen Interessen bestehen, sofern es sich nicht um ganz allgemeine Ziele handelt. Wieder ist ein politischer Prozess notwendig, um die gemeinsamen unter den Interessen herauszuarbeiten. Wichtiger noch scheint in der aktuellen Lage die Herausforderung zu sein, dass Interessen *als* gemeinsame, d. h. als *geteilte* Interessen nur erkannt und anerkannt werden, wenn ein grundlegendes Vertrauen vorhanden ist. Zwar kann die wissenschaftliche politische Analyse gemeinsame Interessen zwischen Nationen auch ohne ein solches Vertrauen identifizieren. Aber auf der politischen Bühne geht es ja darum, dass diese Interessengemeinsamkeit auch plausibel und akzeptabel erscheint, mithin im Kontext einer realistischen Möglichkeit, sie gemeinsam zu bearbeiten.

Gemeinsame Interessen sind nur dann eine mögliche Grundlage einer europäischen Kooperation, wenn sie auf der Basis vorhandenen Vertrauens als solche artikuliert und anerkannt werden können. Gemeinsame Interessen setzen also ihrerseits weitere Anerkennungsgrundlagen voraus: die anderen Völker kommen als mögliche Partner der Kooperation in Betracht und man traut ihnen eine faire Zusammenarbeit zu. Wenn diese Überlegung überzeugt, sind wir damit wieder bei der Ausgangsfrage angelangt: Wenn europäische Integration auf der Basis gemeinsamer Interessen erfolgen können soll, muss eine Vertrauensbasis zwischen den Europäern mit politischer Tragfähigkeit vorhanden sein oder sich aufrichten lassen. In der gegenwärtigen Krise der europäischen Integration muss diese Frage überzeugend beantwortet werden: Worauf kann sich ein Vertrauen zwischen den Völkern Europas, zwischen den Europäerinnen und Europäern stützen? Es führt kein Weg daran vorbei, die Erfahrung mit der europäischen Einigung in den letzten 60 Jahren erneut zu bedenken: Können wir, wollen wir darauf wirklich verzichten?

Gemeinschaft

Christliche Sozialkultur zwischen Kommunitarismus und Individualisierung

Marianne Heimbach-Steins

„Christliche Sozialkultur“ meint weder eine Binnenmoral noch die Kultivierung einer „Nische“, in die man sich von der unwirtlichen Außenwelt zurückziehen könnte. Vielmehr deutet der Begriff auf Ressourcen des christlichen Glaubens für eine solidarische und gemeinwohlorientierte Gesellschaft hin. Diesen Spuren soll in den folgenden Überlegungen nachgegangen werden.

1. Christliche Sozialkultur

In dem Gemeinsamen Wort der beiden großen Kirchen in Deutschland „Für eine Zukunft in Solidarität und Gerechtigkeit“ (1997) wird die Notwendigkeit reflektiert, eine „neue Sozialkultur“ (ZSG 26) zu entwickeln und zu fördern. Es werden Koordinaten für den „Grundkonsens einer zukunftsfähigen Gesellschaft“ skizziert, der angesichts zunehmender Individualisierung und Pluralisierung sowie großer sozialer Ungleichheit nicht mehr selbstverständlich vorausgesetzt werden könne. Zu den normativen Elementen eines solchen Konsenses gehöre neben den Menschenrechten, einer freiheitlich-sozialen Demokratie, einer ökologisch-sozialen Marktwirtschaft, einem neuen Arbeitsverständnis und der Bereitschaft zu internationaler Verantwortung eben eine „erneuerte Sozialkultur“ (ZSG 156–160). Die Suche nach Ressourcen des gesellschaftlichen Zusammenhalts folgt der Einsicht, dass weder Staat noch Markt alleine es „richten“ können. Die Gesellschaft selbst in ihrer Vielfalt und Disparatheit bildet den Raum, in dem Binde- und Fliehkräfte miteinander im Streit liegen. Deshalb gilt es, die Kräfte des Zusammenhalts zu entdecken, zu aktivieren und zu stärken.

Dieser Gedanke ist in dem traditionell eher staatsskeptischen sozialkatholischen Denken tief verankert. Er findet normativen Ausdruck in der Betonung der *Subsidiarität* als Prinzip der Freiheitssicherung und der Stärkung der „kleinen Einheiten“, der *Solidarität* als Prinzip der wechselseitigen Unterstützung und des *Gemeinwohls* als Prinzip der Ermöglichung des Wohlergehens für alle Mitglieder einer Gesellschaft. Diese Orientierungen prägen auch die ökumenische Sozialethik in dem Gemeinsamen Wort „Für eine Zukunft in Solidarität und Gerechtigkeit“. Tragende gesellschaftliche Kräfte der Sozialkultur sind nach Auffassung der Kirchen Familien und verwandtschaftliche Netzwerke, Bewegungen und Initiativen, Ehrenamt und Nachbarschaftshilfe. „Das gemeinsame Moment dieser unterschiedlichen Formen der Förderung des Gemeinwohls besteht in der ihnen zugrunde liegenden Solidarität der Beteiligten.“ (ZSG 156) Eine „erneuerte Sozialkultur“ zu fördern, bedeutet Potentiale wechselseitiger Unterstützung in der Gesellschaft als Bindekräfte des sozialen Zusammenhalts zu identifizieren und zu stärken. Zwanzig Jahre später hat das Anliegen auch unter veränderten gesellschaftlichen Rahmenbedingungen nichts von seiner Bedeutung verloren: Erfahrungen des Wandels, u. a. durch die migrationsbedingten Herausforderungen, verunsichern viele Menschen.[1] Destruktive Einflüsse, v. a. der tief in die Alltagserfahrung europäischer Gesellschaften vorgedrungene Terrorismus, drohen diese zu destabilisieren.

Rechtsgerichtete, antidemokratische Kräfte nutzen dieses Klima, instrumentalisieren Ängste und schüren negative Emotionen, um eigene, nationalistische Interessen voranzubringen, und untergraben den Zusammenhalt einer offenen Gesellschaft.[2]

2. „Wir können die Dinge ändern"

Gesellschaftliche Situationen der Verunsicherung, Angst und Wut können den Eindruck hervorrufen, einem blinden Schicksal ausgeliefert zu sein, gegen dessen Macht „nichts zu machen" sei. Gegen solchen Fatalismus und Pessimismus ist aus christlicher Sicht zu fragen: Wie können Verhältnisse, die als nicht gut, bedrohlich oder ungerecht erfahren werden, als Aufforderung zu einem verändernden Handeln wahrgenommen werden? Papst Franziskus hat dazu in der Enzyklika *Laudato si'* (2015) Wegweisendes gesagt. Seine Überlegung ist auf die ökologische Herausforderung bezogen, aber nicht darauf beschränkt:

> „Die dringende Herausforderung, unser gemeinsames Haus zu schützen, schließt die Sorge ein, die gesamte Menschheitsfamilie in der Suche nach einer nachhaltigen und ganzheitlichen Entwicklung zu vereinen, denn wir wissen, dass sich die Dinge ändern können. Der Schöpfer verlässt uns nicht, niemals macht er in seinem Plan der Liebe einen Rückzieher, noch reut es ihn, uns erschaffen zu haben. Die Menschheit besitzt noch die Fähigkeit zusammenzuarbeiten, um unser gemeinsames Haus aufzubauen." (LS 13)

Die Grundbotschaft lautet: Die Dinge können sich ändern, weil Menschen befähigt sind zu handeln. Und: *Heute* ist es Zeit zu handeln; diese Zeit darf nicht versäumt werden. Die Auswirkungen realer Veränderungsprozesse, die viele Menschen bedrängen, sind zu einem wesentlichen Teil menschlichem Handeln geschuldet. Es kommt darauf an, sie wiederum als Auftrag zu entziffern, die Dinge durch bewusstes Handeln zu ändern. Die Menschen sind zu ermutigen, sich vor allem als Akteure, als Mit-Gestaltende der (politischen) Wirklichkeit wahrzunehmen. In christlich-religiöser Sprache formuliert: Verhältnisse, die als nicht gut, ja unerträglich, empfunden werden und nach Veränderung im Sinne größerer Gerechtigkeit rufen, fordern zur *Umkehr* heraus. Um etwas ändern zu können, müssen sich die (potentiell) Handelnden dessen vergewissern, wo sie selbst in Bezug auf die gegebenen Herausforderungen stehen. Sie müssen sich über den eigenen möglichen Beitrag zur Zukunftsgestaltung klarwerden und sich neu ausrichten. Nach christlichem Verständnis darf der Mensch trotz seiner zwiespältigen Rolle in der Wirklichkeit sich diese Fähigkeit zur Umkehr zutrauen, weil er nicht auf sich allein gestellt ist, sondern mit seiner Verantwortung in eine tragende *Beziehung* zu Gott eingebettet ist. Zugleich verweist sie den Menschen in den weiten Bezugsraum der menschlichen Gemeinschaft und der Schöpfung: Sie bilden den Rahmen des Handelns und der Sorge für ein gutes und gerechtes Zusammenleben und fordern zur *Zusammenarbeit* im Dienst an einer gemeinsamen guten Zukunft heraus.

3. Empathie und Realitätssinn

Christinnen und Christen sind also aus ihrem religiösen Selbstverständnis heraus zur Solidarität aufgerufen. Sie gilt vor allem Menschen, die in Angst und Sorge sind:

> „Freude und Hoffnung, Trauer und Angst der Menschen von heute, besonders der Armen und Bedrängten aller Art, sind

> auch Freude und Hoffnung, Trauer und Angst der Jünger Christi. Und es gibt nichts wahrhaft Menschliches, das nicht in ihren Herzen seinen Widerhall fände. Ist doch ihre eigene Gemeinschaft aus Menschen gebildet, die, in Christus geeint, vom Heiligen Geist auf ihrer Pilgerschaft zum Reich des Vaters geleitet werden und eine Heilsbotschaft empfangen haben, die allen auszurichten ist. Darum erfährt diese Gemeinschaft sich mit der Menschheit und ihrer Geschichte wirklich engstens verbunden." (GS 1)

Solidarität macht sich die Ängste und Verunsicherungen des Gegenübers zu eigen und schafft damit eine praktische Verbundenheit. Sie lässt sich nicht von der Sorge lähmen, sondern fragt, wie den Ängsten zu begegnen und was den Auslösern negativer Emotionen entgegenzusetzen ist, um beides überwinden zu helfen. Empathie ist das eine, die jeweilige subjektive Sicht mit einem „größeren Bild" der Wirklichkeit zu verbinden, das Andere. Es geht um einen Realismus, der Probleme wahrnimmt, aber auch darüber hinausweisende (Hoffnung stiftende) Perspektiven aufschließt. Das ist zugleich ein Ansatz, um gesellschaftlichen Kräften entgegenzutreten, die zynisch mit Ängsten und Verunsicherungen spielen, scheinbare Sicherheit durch Abschottung versprechen und die Gesellschaft in „Wir" und „die Anderen" spalten.

Ein solidarischer Ansatz wird vorhandene Herausforderungen weder leugnen noch banalisieren, sondern sie ehrlich benennen, ohne Ambivalenzen beschönigend „glatt zu bügeln". Zygmunt Bauman hat es in einem Essay über die Angst auslösenden Migrationen nach Europa prägnant formuliert: „Die Lage […] ist – für den Augenblick unheilbar – ambivalent. Eine auf Überschaubarkeit und Eindeutigkeit ausgerichtete theoretische Analyse, falls man sie denn praktisch umsetzte, beschwört mehr Gefahren herauf als die Krankheit, die sie heilen möchte."[3]

Der Respekt vor den Menschen, die mit den Zumutungen tiefgreifender gesellschaftlicher Wandlungsprozesse leben müssen, gebietet es, sie als Handelnde zu adressieren. Es kommt darauf an, sie einzubeziehen und als (potentielle) Mitgestalterinnen und Mitgestalter ernst zu nehmen. Das Ziel muss sein, Beklemmungen zu lösen, die den Blick über die Probleme hinaus verstellen und alles Unvertraute nur als Bedrohung wahrzunehmen erlauben. Praxen der Solidarität können dazu beitragen, ein „größeres Bild" vom Menschen, von der Gesellschaft und der Geschichte zu entwerfen, indem sie Vereinzelung durch Verbundenheit aufbrechen und einem (aus Angst oder Verunsicherung genährten) Gegeneinander Erfahrungen des Miteinanders entgegensetzen.

4. Anerkennung und Verständigung

Dieser Solidaritätsanspruch muss in den jeweiligen Gegebenheiten der Zeit immer wieder neu konkret umgesetzt werden. Dazu gehört die Suche nach Modellen des Zusammenschlusses, der Verständigung, der Kooperation. Es braucht ein verlässliches Fundament der Gemeinsamkeit, auf dem auch Konflikte gelöst werden können. Die sozialkatholische Tradition setzt eher auf Konsens als auf Konflikt, um Differenzen im gesellschaftlichen Zusammenleben zu bearbeiten, den sozialen Frieden im Inneren einer Gesellschaft sowie einen gerechten Frieden zwischen den Völkern zu fördern. Das ist nicht zu verwechseln mit einem harmonistischen Gesellschaftsverständnis, das keinen Streit zuließe. Es geht eher darum, wie Dissense ausgetragen und Lösungen gesucht werden sollen: nicht durch (Klassen-)Kampf, sondern durch geordnete Kooperation; nicht durch die Einteilung der Welt in Freund und Feind, sondern auf der Grundlage der

Anerkennung des Anderen als Mensch mit gleicher Würde und gleichen Rechten; auch ein ideologischer Gegner, auch eine Konkurrentin um bestimmte Güter bleibt ein (Mit-) Mensch mit gleicher Würde und gleichen Rechten. Ein solches Modell baut auf moralisch anspruchsvollen Voraussetzungen auf, die Christinnen und Christen mit vielen humanistisch denkenden Menschen teilen.

Den Anderen als Anderen gelten zu lassen, ermöglicht eine Kultur friedlicher Auseinandersetzung und Konfliktlösung: In dem Gegenüber wird zuerst und vor allen Unterschieden ein Mensch – christlich gesprochen: ein Bild Gottes – und insofern ein Gleicher oder eine Gleiche erkannt. Irritierende, vielleicht sogar ängstigende Aspekte seines oder ihres Andersseins müssen nicht ignoriert werden, aber sie sind nachgeordnet gegenüber diesem grundlegend Gemeinsamen. Möglicherweise unumgänglicher Streit ist so zu führen, dass die Würde des Gegenübers gewahrt bleibt. Diese christlich-ethische Grundüberzeugung praktisch wirksam werden zu lassen, bleibt ohne Zweifel auch für Christinnen und Christen eine stets neu anzunehmende Herausforderung.

Der Schutz der gleichen Würde und der Menschenrechte jeder Person (unabhängig von ethnischer, religiöser und politischer Zugehörigkeit und sexueller Orientierung) ist vor allem in Situationen zu verteidigen, in denen die Gefahr der Missachtung besteht. Das bedeutet: Die grundlegende Gemeinsamkeit im Menschsein verweist zunächst auf die konkrete Solidarisierung mit Notleidenden und mit Menschen, die unter Missachtung, Diskriminierung, Ungerechtigkeit leiden. In der gegenwärtigen Lage gilt dieser Anspruch nicht zuletzt in Bezug auf Flüchtlinge und Asylsuchende, die aufgrund ihres prekären rechtlichen und sozialen Status besonders anfällig für Ausbeutung, gewalttätige Übergriffe und

Entrechtung sind. Zudem ist Solidarität mit denjenigen gefragt, die sich im Einsatz für andere exponieren, z. B. indem sie sich fremdenfeindlichem Reden und Handeln aktiv entgegenstellen und deswegen selbst angefeindet oder bedroht werden. Und schließlich kann es darum gehen, Solidarisierungen zwischen den Armen und Marginalisierten zu fördern, anstatt sie gegeneinander auszuspielen. Solidarität braucht die Bereitschaft, Grenzen (des gewohnten Denkens, der Wahrnehmung, des Vertrauten und gesellschaftlich Akzeptierten) zu überschreiten.

Wechselseitige Anerkennung und Solidarität zu üben, setzt starke und positiv bestimmte eigene Identitäten voraus sowie ein Grundvertrauen, sich auf den Anderen hin öffnen zu können. Eine Identität, die sich *nur* durch Abgrenzung und Ausgrenzung ihrer selbst zu vergewissern weiß, wird immer schwach und angreifbar sein und deshalb im Verteidigungsmodus gegenüber dem „Feind" verharren. Christliche Gemeinden, Gruppen und Verbände können Orte sein, an denen durch gemeinsames Handeln und die gegenseitige Vergewisserung über die tragenden Grundlagen Identitäten gestärkt und die Offenheit gegenüber Anderen (Geflüchteten, Migrantinnen und Migranten, Andersgläubigen oder Nicht-Gläubigen, Menschen, die anders leben und lieben) praktiziert werden können.

5. Gemeinwohl

Solidarität wird in der praktischen Umsetzung immer wieder an Grenzen stoßen. Dennoch vertritt eine christliche Ethik einen grundsätzlich universalen Anspruch – als Antwort auf die Erfahrung der intensiven globalen Verflechtungen und wechselseitigen Abhängigkeiten:

> „Vor allem die Tatsache der gegenseitigen Abhängigkeit wird als entscheidendes System von Beziehungen in der heutigen Welt mit seinen wirtschaftlichen, kulturellen, politischen und religiösen Faktoren verstanden und als moralische Kategorie angenommen. Wenn die gegenseitige Abhängigkeit in diesem Sinne anerkannt wird, ist die ihr entsprechende Antwort als moralisches und soziales Verhalten, als ‚Tugend' also, die Solidarität. Diese ist nicht ein Gefühl vagen Mitleids oder oberflächlicher Rührung wegen der Leiden so vieler Menschen nah oder fern. Im Gegenteil, sie ist die feste und beständige Entschlossenheit, sich für das ‚Gemeinwohl' einzusetzen, das heißt, für das Wohl aller und eines jeden, weil wir alle für alle verantwortlich sind." (SRS 38)

Solidarität, so Johannes Paul II. in seiner Entwicklungsenzyklika *Sollicitudo rei socialis* (1987), führt zum Einsatz für das Gemeinwohl und ist als solche Ausdruck der wechselseitigen Verantwortung. Ihr Einsatzfeld kann grundsätzlich weder durch Landesgrenzen noch durch Hautfarbe, Religion, Geschlechtszugehörigkeit oder sexuelle Orientierung begrenzt werden. Das Gemeinwohl muss in einer Welt globaler Abhängigkeitsverhältnisse immer auch global gedacht werden (vgl. GS 26). Gemeinwohl bildet den Maßstab der Legitimität staatlicher Politik (vgl. GS 74); es umfasst aber auch einen Auftrag an jedes Mitglied einer sozialen Gemeinschaft, sich dafür einzusetzen, dass jeder einzelne Mensch Zugang zu den Rechten und Gütern bekommt, die notwendig sind für menschliche Selbstentfaltung – nicht nur für das physische Überleben. Das Gemeinwohl soll also den Maßstab des Handelns in jeder sozialen Gemeinschaft von der Familie bis zur international agierenden NGO und in jedem politischen Gemeinwesen von der Kommune über den Staat bis zu den Vereinten Nationen bilden. Ist das schon ein hoher Anspruch, so entstehen noch weit größere Herausforderungen in der

Umsetzung vor allem dadurch, dass Gemeinwohl-Ziele auf den unterschiedlichen Ebenen miteinander in Konflikt geraten können: Was auf einer nationalstaatlichen Ebene als Forderung des Gemeinwohls erscheint, kann sich im globalen Maßstab als sozial und/oder ökologisch unverträgliches Partikularinteresse erweisen.[4] So kann z. B. die Orientierung an einem nationalstaatlichen Maßstab des Gemeinwohls nicht ohne weiteres moralische Legitimität beanspruchen; Auswirkungen nationaler politischer Entscheidungen auf die Lebensbedingungen und Entwicklungschancen in anderen Ländern sind abzuwägen und zu rechtfertigen. In der Migrationsfrage liegt dies ebenso offen zutage wie in der Klimapolitik, um nur zwei Beispiele zu erwähnen. Die Verflechtung von Partikularinteressen und Gemeinwohlbelangen zwischen den Ebenen sozialer und politischer Vergemeinschaftung ist ihrerseits nicht losgelöst von geschichtlich gewachsenen Verflechtungen und Verantwortungsrelationen.

6. Gemeinschaft, Gesellschaft, Geschichte

In christlicher Sicht gehören die Gegenwart und die Geschichte einer sozialen Gemeinschaft, einer Gesellschaft bzw. eines Volkes notwendig zusammen. Dabei sind nicht nur die Licht-, sondern auch die Schattenseiten, einschließlich der Momente von Schuld und Versagen, in den Blick zu nehmen. Den Opfern geschehenen Unrechts wenigstens rückwirkend Respekt zu zollen und ihre Leiden nicht der Vergessenheit anheimzugeben, ist eine notwendige Konsequenz aus der Anerkennung der Menschenwürde der Opfer, aber auch der Täter und der „Mitläufer“. Sie verlangt, auch die Schuld anzuerkennen, die Leiden verursacht oder nicht verhindert hat. Erst unter dem Eindruck des Holocaust haben die moderne Theologie und Verkündigung „nach Auschwitz“ sich der „Leidvergessenheit“ auch christlicher Traditionen gestellt.[5] Schmerzhafte Lernprozesse waren notwendig, um der Einsicht Raum zu geben, dass das Bekenntnis zu Jesus Christus in der Erinnerung des Leidens, das Gedenken an die Opfer ungerechter Gewalt und die Auseinandersetzung mit der eigenen Schuldverhaftung konkret werden muss. Das ist kein rückwärtsgewandtes Verharren, sondern eröffnet die Chance einer humaneren Zukunft: Es geht um Gerechtigkeit für die Opfer und um die (immer prekäre) Hoffnung auf Versöhnung in der Zeit. Daraus erwächst ein Bewusstsein von Geschichte als Zeit-Raum der Umkehr und der je neuen Auseinandersetzung mit den unversöhnten Anteilen der Vergangenheit, die in der Gegenwart fortwirken.

Die Gegenwart wird oft als krisenhaft, ja als eine Folge einander ablösender oder ineinandergreifender „Krisen“ beschrieben. Daraus konstruieren kulturpessimistische politische wie kirchliche Kreise eine Geschichte des Verfalls. Sie erwarten Heilung in der Wendung zurück, in der vermeintlich guten (oder jedenfalls besseren) alten Zeit, die aber nicht wieder(ge)holt werden kann. Die Erfahrung der Krise kann aber auch (und darin liegt ihr genuiner biblischer und christlicher Sinn) als Dynamik gedeutet werden, die Unterscheidung, Entscheidung und Neuorientierung notwendig und möglich macht. Darin wird die Gegenwart in ihrer Ambivalenz transparent auf „Wachstumspotentiale“ und menschliche Gestaltungsverantwortung. Die krisenhafte Gegenwart kann zur Chance werden.

In diesem Sinne wandte sich Papst Johannes XXIII. bei der Eröffnung des Zweiten Vatikanischen Konzils gegen die „Unglückspropheten, die immer das Unheil voraussagen, als ob die Welt vor dem Untergang stünde“[6]; Papst Franziskus hat in seinem Apostolischen Schreiben *Evangelii gaudium* (2013) den Gedanken seines Vorgängers aufgegriffen und fortgeführt:

> „Eine der ernsthaftesten Versuchungen, die den Eifer und den Wagemut ersticken, ist das Gefühl der Niederlage, das uns in unzufriedene und ernüchterte Pessimisten mit düsterem Gesicht verwandelt. [...] Der böse Geist der Niederlage ist ein Bruder der Versuchung, den Weizen vorzeitig vom Unkraut zu trennen, und er ist das Produkt eines ängstlichen egozentrischen Misstrauens." (EG 85)

Geschichte – als vergangene und als zukünftige – bildet mit ihren Licht- und ihren Schattenseiten einen offenen Zeit-Raum gemeinsamer menschlicher Entwicklung: des Ringens um Freiheit, Gerechtigkeit und Frieden, der Versöhnung zwischen den Menschen und der Menschen mit der Schöpfung. Sie stellt sich als Aufgabe humaner Gestaltung. Für Christen steht sie unter dem Vorzeichen der Hoffnung auf eine nicht vom Menschen selbst zu leistende Vollendung, unter der Verheißung eines allen Menschen zugedachten Heils. Diese Zusage kann entlasten, weil sie vom Zwang der Selbsterlösung und damit zu einer grundlegenden Gelassenheit im Denken und Handeln befreit.[7] Zugleich fordert sie dazu heraus, dieser Hoffnung im individuellen und gemeinsamen Leben, im solidarischen sozialen und politischen Handeln glaubhaft Ausdruck zu verleihen.

Prekäre Lebensverhältnisse und das Heilsversprechen kollektiver Identitäten

Walter Lesch

Unter den zahlreichen Versuchen einer plausiblen Erklärung der Anfälligkeit für populistische Versprechen und Verführungsstrategien nimmt der Hinweis auf bittere Erfahrungen von Verlust, Verarmung und Unsicherheit eine besondere Stellung ein. Massenarbeitslosigkeit war schon immer ein Nährboden für Frustration und Radikalisierung und eine Gefahr für den gesellschaftlichen Zusammenhalt. Wer über keine sicheren Zukunftsperspektiven mehr verfügt, wird empfänglich für einfache Schuldzuweisungen und für die Jagd auf Sündenböcke. Dieser Erklärungsansatz macht sich aber seinerseits einer ungerechtfertigten Vereinfachung schuldig. Denn auf der einen Seite unterstellt er die Kontinuität eines Deutungsmonopols, wonach es einen unbestechlichen analytischen Blick auf eine gesellschaftliche Entwicklung gibt, die nur von einer intellektuellen Elite durchschaut wird. Andererseits stigmatisiert er die potentiellen Akteure oder Mitläufer des Populismus als verblendete Opfer einer viel zu simplen Ideologie, die den Ausweg aus der Misere verspricht. Genau so wird aber der Populismus zu einer *self fulfilling prophecy,* die sich in ihrer herben Kritik an arroganten Eliten bestätigt sieht, von denen man auch keine Hilfe zu erwarten habe.

1. Abstiegsängste

Wer aus der komfortablen Perspektive einer anerkannten beruflichen Position heraus urteilt, macht sich kein Bild von den Lebensumständen jener Menschen, denen trotz intensiver Bemühungen ein gesellschaftlicher Aufstieg nach herkömmlichen bürgerlichen Erfolgskategorien nicht gelungen ist. Das vollmundige Versprechen, dass Wohlstand nicht von Privilegien abhänge, sondern dass jeder es schaffen könne, seine Träume zu verwirklichen, trifft auf eine Realität, die anders aussieht und die in der Tat für das alternative Versprechen empfänglich macht, nur ein radikaler Neuanfang könne durch eine Entmachtung der Eliten die Karten für das „einfache Volk" neu mischen. Der Weg dahin mag zwar gar nicht im Detail durchdacht sein. Doch Hauptsache Schluss mit den hohlen Phrasen und Vertröstungen auf Wohlstand für alle. Das Beharren auf dem Erfolgsrezept „Du kannst es schaffen, wenn du nur willst" erhöht den Druck auf Menschen, die sich immer mehr von einem irgendwann als unerreichbar erscheinenden Ziel entfernen und bei denen die aufmunternde Parole als blanker Zynismus ankommt: „Du hast keine Chance, aber nutze sie."

Eine für das Leiden an Ungerechtigkeit sensible Religion wird beide Seiten des Problems sehen: das unverschuldete Abrutschen von Menschen in prekäre Lebensverhältnisse und die verschiedenen Varianten von Hoffnungsbildern einer besseren und gerechteren Gesellschaft. Zur Lösung der Konflikte verfügt sie über keine aus der eigenen Tradition unmittelbar ableitbaren Rezepte. Aber ihr Ort ist mitten in den Spannungen, die Gegenstand von Deutungen, Versprechen, Strategien und Instrumentalisierungen sind. Diese Realitätsnähe sollte immerhin vor dem überheblichen Generalverdacht bewahren, Populisten seien nichts anderes als die bemitleidenswerten Verlierer in einem Wettbewerb, der auch anders hätte ausgehen können. Dann wäre ja auch nicht mehr nachvollziehbar, warum sogar Menschen in abgesicherten Lebensverhältnissen populistische Sympathien entwickeln können. Mit welchen Versprechen und Ermutigungen wenden sich Religionen an Menschen im Prekariat? Was bedeutet hier die Botschaft von einer unzerstörbaren Würde einer jeden Person im Angesicht von Scheitern, Abstieg und Hoffnungslosigkeit?

Die offenkundigen Verschiebungen im Wahlverhalten betroffener Bürger scheinen immerhin die Hypothese des engen Zusammenhangs von Prekarisierung und Nähe zu populistischen Programmen zu bestätigen. Die traditionell links wählende Bevölkerung in Industriegebieten hat beim Brexit-Referendum in Großbritannien und bei den Präsidentschaftswahlen in den USA und in Frankreich Sympathien für rechte Parolen entdeckt und zum Zerfall klassisch sozialdemokratischer Bastionen beigetragen. Wer glaubte, das Abgleiten in den Rechtsextremismus durch Beschwichtigungsmaßnahmen im konservativen Bevölkerungssegment einzudämmen, hat sich geirrt. Die populistische Revolte transportiert mehr als nur nationales Pathos und dumpfe fremdenfeindliche Ressentiments.

2. Prekäre Verhältnisse

Der Neologismus „Prekariat“ wurde von der Sozialforschung in einer Zeit ins Gespräch gebracht, in der die Redeweise von einer Klassengesellschaft und von einer Unterschicht in die graue Vorzeit militanter linker Theorie gerückt zu sein schien. In der von Wirtschaftswachstum, Wohlstand und sozialstaatlicher Absicherung geprägten Aufbruchsstimmung der zweiten Hälfte des 20. Jahrhunderts war wenig Platz für die Ränder der Gesellschaft, in der es selbstverständlich auch während dieser euphorischen Phase Abstiegsängste und Exklusion gab. Spätestens mit der Jahrtausendwende verschärften sich Krisenphänomene auf dem Arbeitsmarkt, auf dem immer mehr Menschen die Erfahrung von geringfügiger Beschäftigung, schlechter Bezahlung und befristeten Verträgen machen mussten. Die lebenslange und bruchlose Arbeitsbiografie in einem einzigen ausgewählten Tätigkeitsbereich war nicht mehr dauerhaft gesichert. Stattdessen nahm die Zahl der prekären Arbeitsverhältnisse zu, die immer nur auf Widerruf einen vorläufigen Grund zur Hoffnung boten, die aber jederzeit enttäuscht werden konnte.

Auch wenn von dieser Entwicklung in erster Linien Menschen mit geringeren Bildungsabschlüssen bedroht waren, machte die Flexibilisierung der Arbeit auch jenen zu schaffen, die mit guten Qualifikationen und hoher Motivation zu bestem Einsatz bereit waren und dennoch keinen halbwegs sicheren Status erreichen konnten. Gleichzeitig war immer weniger garantiert, von den Sicherungen eines robusten sozialen Netzes aufgefangen zu werden. In den prekären Lebenssituationen der Ausgeschlossenen gab es kein Bewusstsein der Zugehörigkeit zu einer unterprivilegierten Schicht, da Lebensläufe längst als individuelle rationale Planungen aufgefasst wurden. Zu dem Misserfolg kam also noch das Gefühl der Scham, seinen Platz auf der Sonnenseite des Lebens nicht zu finden.[1]

Aus der Perspektive einer insgesamt positiven Wirtschaftsbilanz galten solche individuellen Risiken viel zu lange als zu vernachlässigende Nebeneffekte des Wachstums. Erst populistische Bewegungen verschafften den Stimmen der Abgehängten und Vergessenen bei aufgeschreckten Beobachtern etwas mehr Resonanz. Das Konzept der Globalisierungs- oder Modernisierungsverlierer nimmt im Diskurs über Exklusion und Extremismus einen wichtigen Platz ein, hat aber wiederum den Nachteil, von oben herab im Rahmen eines Gesellschaftsbildes zu urteilen, das auf der normativen Annahme eines Ideals von Aufstieg, Gewinn und Wohlstand basiert. Im Prinzip gilt das Postulat maximaler Chancengleichheit. Wenn jedoch die formale Gleichberechtigung nicht davor schützt, Ungleichheit zu produzieren und zu reproduzieren, dann wachsen Zweifel an den Verheißungen einer Moderne, die den von ihr proklamierten Fortschritt nicht fair steuern kann.

Zu den illusionslosesten Gesellschaftsdiagnosen der Gegenwart gehört die Charakterisierung unserer Lebensverhältnisse als „Abstiegsgesellschaft“[2], in der wir nicht mehr kollektiv den Fahrstuhl in eine bessere Zukunft benutzen können. Es mehren sich die Anzeichen einer Regression[3] in vormoderne Zustände, in denen das Streben nach Sicherheit und Besitzstandswahrung Vorrang haben vor der Suche nach einem solidarischen Zusammenleben der Freien und Gleichen. Solche Irritationen werden zum Nährboden für die Heilsversprechen einer Politik, die sich primär den Ausgeschlossenen zuwendet und ihnen das Gefühl vermittelt, dass ihre Stimmen überhaupt wieder gehört werden. Über genauere politische Ziele und über die Wege zu diesen Zielen ist damit noch gar nichts gesagt. Es reicht schon, das Unbehagen zu artikulieren, um bisherige ideologische Plausibilitäten ins Wanken zu bringen.

3. Krise des modernen Freiheitsideals

Die Erfahrung unverschuldeter Prekarität, also das ermüdende Streben nach Anerkennung, die immer wieder verweigert wird, trifft mitten ins Herz einer Weltsicht, in der es solche

Abstürze eigentlich gar nicht geben darf. In einer demokratischen Gesellschaft, die alle Standesprivilegien und Begünstigungen abgeschafft hat, sollte jeder seines eigenen Glückes Schmied sein können. Diese individuelle Erfolgsaussicht war die große Erzählung des modernen Liberalismus, dessen Verdienste um Freiheitsgewinne und Kreativität unbestritten sind. Das Problem ist, dass immer mehr Menschen die Geduld in der Warteschleife des Fortschritts verlieren. Vielleicht kommt ja doch keine bessere Zukunft.[4] Vielleicht hat sich das Warten auf den Durchbruch nicht gelohnt. Und vielleicht ist es an der Zeit, diejenigen zur Rechenschaft zu ziehen, die den Erfolgschancen der Vergessenen im Weg stehen: die etablierten Parteien; die linksliberalen Eliten, die Wasser predigen und Wein trinken; die Konkurrenten auf dem Arbeitsmarkt.

Der Umgang mit prekären Lebensverhältnissen führt notgedrungen in die Krise des Fortschrittsparadigmas, das seine Versprechen fair verteilter Chancen und Teilhabe am Wohlstand nicht einlösen konnte. Der Lift bringt uns nicht mehr automatisch nach oben. Oliver Nachtwey benutzt als neues Modell das suggestive Bild der Rolltreppe, die im schlimmsten Fall sogar ihre Laufrichtung ändert und ihre Benutzer nach unten befördert.[5] Sie können mit aller Kraft gegen diese Laufrichtung weiter nach oben steigen und so vielleicht ihre aktuelle Position bewahren. Auf jeden Fall ermüdet dieses permanente Ankämpfen gegen erschwerende Umstände, die auf die Dauer eine zermürbende Wirkung haben. Wer offenkundige gesellschaftliche Schieflagen demokratisch lösen will, setzt auf die manchmal langatmigen Prozeduren rechtsstaatlicher Verfahren, unterschätzt aber die destruktiven Kräfte, die sich durch Ermüdung und Enttäuschung aufgestaut haben und den Geduld und Frustrationstoleranz erfordernden Reformversprechen immer mehr misstrauen.

Das Christentum hat mit seiner modernitätskritischen Sicht weder die unumkehrbare Fortschrittslogik noch den Fatalismus eines sozialen Abstiegs verabsolutiert. Es ist wohl eher eine Karikatur einer bestimmten Version protestantischer Ethik, wenn der wirtschaftliche Erfolg als sichtbarer Beweis göttlicher Erwählung betrachtet wird. Und es ist ebenso irritierend, einen Kult christlicher Nächstenliebe auf einen paternalistischen Einsatz für die Bedürftigen zu reduzieren. Unabhängig von solchen Fragen der Doktrin und der bevorzugten Sichtweise auf Religion gilt das solidarische Einstehen für Menschen in allen Lebenslagen – unabhängig von einer politischen Ideologie – als Ernstfall christlicher Überzeugungen. Vielleicht hat sich ein aufgeklärtes Christentum ja zu sehr den Standards eines optimistischen Fortschrittsparadigmas angepasst, so dass es in Verlegenheit gerät, wenn die Komplexität einer neuen Weltlage bisherige wirtschaftliche und sozialstaatliche Erfolgsgarantien nichtig macht.

4. Kollektive Identität als Hoffnungsanker

Sobald die Lebensplanung an Sicherheit und Vorhersagbarkeit verliert, werden Ressourcen wichtig, mit denen sich prekäre Situationen wenigstens teilweise auffangen lassen. Gute gesundheitliche Voraussetzungen und eine starke Persönlichkeit sind von Vorteil, wenn es darum geht, sich von widrigen Umständen nicht gleich aus der Bahn werfen zu lassen. Aber es wäre illusorisch, allein auf Charakterstärke, Bildung und gefestigte Überzeugungen zu vertrauen, sofern es kein Netz gibt, dass den Fall in die Prekarität auffängt. Beides ist erforderlich: ein gesundes Selbstbewusstsein und ein hilfreiches Umfeld. Während die Kultivierung der individuellen

Sphäre von einem hohen Maß an Selbstverantwortung abhängt, ist die Verbundenheit mit anderen Lebensgeschichten von weniger leicht beherrschbaren Einflüssen geprägt.

Im Spannungsfeld von persönlicher Identität und der Orientierung an kollektiven Identitäten gibt es kein klares Entweder-oder. Die Förderung individueller Selbstverwirklichung und Verantwortung bleibt ein hohes Gut, zumal es vor einem blinden Aufgehen in kollektiven Strukturen schützen kann. An dieser Option des Liberalismus ist daher festzuhalten. Andererseits gehört es zur Sozialnatur des Menschen, die Isolationsfalle eines zugespitzten Individualismus zu verlassen und die komplexen Regeln eines Lebens in Gemeinschaft zu erlernen.

Kollektive Identitäten sind gesellschaftliche Konstrukte und als solche einer kritischen Betrachtung zu unterziehen. Wer als Einzelner in prekären Lebensverhältnissen mit seiner Verletzlichkeit konfrontiert wird und Zuflucht in der Zugehörigkeit zu einer Gruppe sucht, hat auch im Kollektiv mit Regeln und Zwängen umzugehen. Kollektive Identitäten sind mit Vorstellungen verbunden, die mit Mythen zu vergleichen sind.[6] Wer sich in der Gemeinschaft eines „Volkes" aufgehoben fühlt, operiert trotz des Anscheins von Nähe und Nestwärme mit einer fiktiven Größe. Denn keiner kann alle Angehörigen eines Volkes persönlich kennen. Die verbindenden Elemente sind dann lediglich die Gemeinsamkeiten in der Staatsangehörigkeit, in Sprache und Kultur, obwohl diese Merkmale kein homogenes Gebilde definieren.

Die Definitionsprobleme auf der Seite der Inklusion (Wer ist Mitglied der Wir-Gemeinschaft?) lösen sich auf fatale Weise oft durch die Strategie der Exklusion (Wer gehört nicht dazu?), die dann maßgeblichen Einfluss auf das politische Handeln haben soll. *Wir sind das Volk! Wir zuerst! America first! Take back control! La France d'abord! La France aux*

Français! All diese Parolen folgen ein- und demselben einfachen Muster der kollektiven Selbstbehauptung durch Ausgrenzung und der damit verbundenen Tribalisierung der Moral.[7] Was für uns gerechtfertigt ist, kann nicht in gleicher Weise von den Nichtmitgliedern beansprucht werden. Bezeichnenderweise wird die Plausibilität dieser Regel oft dadurch erschlichen, dass man von der Größenordnung des imaginären und anonymen Kollektivs auf eine überschaubare Gruppenstruktur zurückschaltet, beispielsweise die Familie. Es sei doch auch selbstverständlich, besondere Verpflichtungen für das unmittelbare familiäre Umfeld zu haben und sich nicht zugleich um alles Elend der Welt kümmern zu können. Das leuchtet als Vorzugsregel ein, löst aber noch nicht das Problem einer politischen Moral in komplexeren Zusammenhängen.

Neben der Festlegung einer Priorität in der Zuständigkeit für die Mitglieder ergibt sich aus der der vorrangigen moralischen Verpflichtung eine Idealisierung der eigenen Gemeinschaft, die einem Wirklichkeitstest oft nicht standhält. Wer das Privileg hat, zum „Volk“ zu gehören, hat sich für die sich daraus ergebenden Vorteile nur dadurch qualifiziert, dass er als Mitglied eben dieser Gruppe betrachtet wird, auch wenn er ein ziemlich unangenehmer Zeitgenosse sein mag. Diese Unterschiede innerhalb des Kollektivs werden durch Idealisierung und durch die Leugnung von Vielfalt zum Verschwinden gebracht. Hier liegt die pluralismusfeindliche Schlagseite aller kollektiven Identitäten, die eine Einheit durch Homogenisierung erzwingen wollen – im Extremfall mit Gewalt.

Das sozialphilosophisch zu bedenkende Problem ist nicht allein die Spannung von Individuum und Gemeinschaft, sondern auch die Ausdifferenzierung verschiedener Formen von Vergemeinschaftung. Kollektive Identitäten beruhen auf sehr unterschiedlichen Graden von Freiwilligkeit, Reflexivität und Offenheit für neue Mitglieder.[8] Über transparente Mitgliedschaftsregelungen könnte dann wenigstens verbindlich kommuniziert werden, welche Ansprüche sich aus welchen Merkmalen der Zugehörigkeit ergeben. Dabei wird sehr schnell deutlich, dass genau die Definition der Zugehörigkeitskriterien Schwierigkeiten bereitet. Was soll eine Gemeinschaft von Anspruchsberechtigten ausmachen – zum Beispiel beim Anspruch auf politische Mitsprache oder beim Anspruch auf sozialstaatliche Unterstützung? Die Staatsangehörigkeit? Die Religionszugehörigkeit? Die Beitragszahlungen in eine gemeinsame Kasse, aus deren Reserven Mittel solidarisch umverteilt werden können? Letzteres scheint unter allen problematischen Kriterien noch das am leichtesten operationalisierbare zu sein. Zur Identität eines Kollektivs gehörte dann die exklusive Versorgung der Mitglieder mit den Mitteln eines gemeinsam für schlechtere Zeiten organisierten Vorrats. Hilfeleistungen über den Kreis der Anspruchsberechtigten hinaus kämen folglich entweder überhaupt nicht oder nur bei reichlich vorhandenen Möglichkeiten und im Fall extremer humanitärer Ausnahmesituationen in Frage. Wohl dem, der über ein tragfähiges soziales Netz in einer ihn uneingeschränkt akzeptierenden Solidargemeinschaft verfügt.

Die Probleme mit ethnisch, religiös oder nach anderen Kriterien eng gefassten kollektiven Identitäten beginnen aber immer dort, wo man meint, mit einer Geste des Ausschlusses interne Probleme lösen zu können. Die Exklusion von Fremden verändert zwar die Kräfteverhältnisse auf einem Markt, dessen Arbeitsplätze und Aufträge nach Wettbewerbskriterien vergeben werden, schafft die Konkurrenzsituation aber nicht prinzipiell ab. In vielen Fällen werden nur die Sündenböcke ausgetauscht, um vermeintliche Konkurrenten aus der privilegierten Wir-Gemeinschaft abschieben zu können.

Ein Beispiel für die Verschiebung der Feindseligkeiten ist der britische Umgang mit den Herausforderungen des europäischen Binnenmarkts. Im Zuge der EU-Osterweiterung traten 2004 mit einem Mal acht mittel- und osteuropäische Staaten der Union bei. Für die uneingeschränkte Mobilität von Arbeitskräften konnten Übergangszeiten vereinbart werden. Großbritannien sah damals in der sofortigen Öffnung seines Arbeitsmarktes eine Chance zur schnellen Ankurbelung der Wirtschaft, die vom Zuzug vieler Menschen aus Osteuropa profitierte. Es sind genau jene Arbeitskräfte, die inzwischen fest etabliert sind und zur Zielscheibe fremdenfeindlicher Polemik in der Brexit-Kampagne wurden. Eine Wir-Gemeinschaft, die von neuer Stärke eines *Global Britain* träumt, erwies sich in weiten Teilen als unfähig, mit den Konsequenzen europäischer Verbindlichkeiten fair und weltoffen umzugehen. Die Wir-Gemeinschaft, deren Grenzen durch die Regeln der Unionsbürgerschaft abgesteckt ist, wurde zur hoffnungslosen moralischen Überforderung in einer Situation, in der mit der Rückbesinnung auf eine nostalgische Inselmentalität mit imaginierter Weltmachtgröße Stimmung gemacht werden konnte.

5. Solidarität und Weltoffenheit

Christliche Sozialethik ist durch ein starkes Solidaritätspathos geprägt, das über die Grenzen der eigenen Religionsgemeinschaft hinausgeht. Zwar gibt es auch hier manchmal gruppenbezogene Präferenzen im Sinne einer Priorität für die Mitglieder der eigenen Religion. Jedoch überwiegt insgesamt die alle partikularen Identitäten überschreitende

Form eines Ethos der Geschwisterlichkeit und der Mitmenschlichkeit ohne einschränkende Bedingungen.

Deshalb ist aus christlicher Sicht der Solidaritätsverlust bei Menschen in prekären Lebenslagen eine echte Herausforderung, ganz besonders im Umgang mit populistischen Versprechen eines moralisch und politisch allein relevanten eingeengten Maßstabs für Solidarität. Wer zum „Volk" gehört, ist anspruchsberechtigt. Wenn der Kreis der Anspruchsberechtigten weiter gefasst wird, ist die Grenze zur Exklusion nur verschoben. An der Begründung von Zugehörigkeitskriterien führt auch bei den großzügigsten Absichten kein Weg vorbei. Sofern die Globalisierung der Wirtschaft pauschal für die Herbeiführung prekärer Arbeitsverhältnisse verantwortlich gemacht wird, haben es politische Programme schwer, die für mehr internationalen Austausch und für ein dynamisches und soziales Europa eintreten. Wer davon überzeugt ist, dass die Europäische Union nur eine andere Bezeichnung für neoliberalen Staats- und speziell Sozialstaatsabbau ist, wird aus einer prekären Situation heraus gegen diese Strukturen wettern, die den seine Angehörigen schützenden und versorgenden Nationalstaat schwächen. Deshalb ist die überwiegend proeuropäische Ausrichtung christlicher Sozialethik in die Pflicht genommen, für ein soziales Europa nicht nur rhetorisch einzutreten. Sonst bleibt angesichts von Austeritätspolitik und Inkaufnahme des Abrutschens in Prekarität die Verurteilung von Protestbewegungen unglaubwürdig, die den Finger in die Wunde einer entsolidarisierten Gesellschaft legen. Der Kampf gegen das populistische Spiel mit dem identitären Feuer muss mit dem Kampf gegen dessen offenkundigste Voraussetzungen beginnen: mit dem Kampf gegen die Verletzungen durch verweigerte Anerkennung. Denn der wie der Vers eines kitschigen Popsongs klingende Satz „*I will never ever let you down*" aus dem Mund eines Politikers sollte beim mündigen Bürger auf Skepsis stoßen.

Wider den Populismus!
Zur Verantwortung menschenrechtsbasierter Sozialer Arbeit

Andreas Lob-Hüdepohl

1. Das *Volk* der Populisten und ihre *Nichtdazugehörigen*

Soziale Arbeit, ob in Gestalt ehrenamtlich-bürgerschaftlichen Engagements oder in Gestalt professioneller Dienste und Einrichtungen der Wohlfahrtspflege, ist durch Populismen aller Art in besonderer Weise berührt und herausgefordert: Sie hat zwangsläufig eine besondere Nähe zu vielen Opfern jener gewaltförmigen Ausgrenzungsstrategien, die wesentlicher Bestandteil aller populistischen Bewegungen und Parteiungen sind. Populismen nämlich schüren nicht nur hasserfüllte Ressentiments gegen ‚die da oben', also gegen das Establishment in Politik, Wirtschaft, Staat oder generell in der Gesellschaft. (Deren Akteure sind in der Regel keine Klienten wohlfahrtsstaatlicher Leistungen und damit Adressaten der Sozialen Arbeit.) Populismen schüren aber vor allem Feindbilder gegen ‚die da unten' oder ‚die da draußen' – also überhaupt gegen alle, die nicht zum ‚wahren' Volk dazugehören sollen, dazugehören dürfen oder aufgrund irgendwelcher ‚Andersartigkeit' vermeintlich nicht dazugehören können. Das ‚wahre' Volk, in dessen Namen Populisten zu sprechen vorgeben, ist für sie ein *ethnos;* ein Volk also, das durch abstammungsmäßige, kulturelle oder sonstige Einheitlichkeit – oftmals fiktiv – gebildet wird; eine Einheitlichkeit, die die wichtigsten Interessenlagen der Bevölkerung homogenisiert; die deshalb nicht über die komplizierten Verfahren einer repräsentativ-parlamentarischen Demokratie ermittelt sowie in Kompromissen abgewogen und gewichtet werden muss, sondern die unmittelbar das politische Handeln bestimmen kann. Und vor allem: Der Wille *dieses einen* Volkes hat eindeutig Vorrang vor allen Anderen, deren Interessen und Rechte – wenn überhaupt – allenfalls nachgeordnet berücksichtigt werden dürfen.

Dieser Exklusivitätsanspruch des ‚wahren' Volkes steigert sich im *Rechts*populismus in ein strikt *anti-egalitäres* Profil: Es lehnt und wertet Andere, die vom normierten Einheitstyp des Volksgenossen abweichen – und das können beliebig viele sein[1] –, kategorisch ab und weist ihnen einen sozial untergeordneten, minderen Rechtsstatus zu. Damit missachtet der Rechtspopulismus das demokratische – und christliche! – Basisprinzip der Fundamentalgleichheit *aller* Menschen. Er bedroht alle *Nichtdazugehörigen* in ihren existentiellen Rechten. Er ist unmittelbar mit jener *Gruppenbezogenen Menschenfeindlichkeit*[2] verbunden, die sich in Ausländerfeindlichkeit, (biologischem) Rassismus, Antisemitismus, Islamfeindlichkeit, Sexismus, Homophobie oder auch in einer (sozialdarwinistisch grundierten) Behindertenfeindlichkeit oder Feindlichkeit gegen andere sozial geschwächte Gruppen (Langzeitarbeitslose, Wohnungslose usw.) äußern kann. Solche Gruppen werden sozial konstruiert, indem sie auf ein reales oder imaginiertes Merkmal festgelegt *und reduziert* werden. Ihre soziale Abwertung dient dem rechtspopulistischen Bedürfnis nach Stabilität durch Abschließung und Abwertung.

2. Populismen – vielfache Herausforderung für menschenrechtsbasierte Soziale Arbeit

Viele dieser von Ausgrenzung bedrohten oder bereits betroffenen Menschen(-gruppen) zählen zum Adressatenkreis der Sozialen Arbeit: geflüchtete, behinderte, ‚andersreligiöse', aber auch wohnungslose oder langzeitarbeitslose Menschen. Infolgedessen ist Soziale Arbeit unmittelbar mit den Konsequenzen (rechts-)populistischer Bewegungen und Strömungen konfrontiert. Gelegentlich werden aber auch ihre Akteur*innen selbst zur Zielscheibe (rechts-)populistischer Anfeindungen – und das in durchaus unterschiedlichen Konstellationen. Die Fälle mehren sich, in denen sozialberuflich Tätige etwa in unmittelbaren Arbeitskontakten mit ihren Klientinnen und Klienten Zeugen oder sogar Adressaten von *deren* eigener rassistischer Äußerungen und Anwürfen werden – etwa während einer Familienberatung unter dem Hakenkreuz im Wohnzimmer der betreuten Familie![3] Mittlerweile haben viele große Träger der freigemeinnützigen Wohlfahrtspflege eigene Handreichungen dazu entwickelt, wie ihre Mitarbeiterinnen und Mitarbeiter mit solchen (rechts-)populistischen Einstellungen und Handlungen ihrer Klienten angemessen umzugehen lernen können.[4] Freilich sind auch die Mitarbeiterinnen und Mitarbeiter der Sozialen Arbeit selbst keinesfalls automatisch vor (rechts-)populistischen Einstellungen und Handlungsmustern geschützt. Prominente Einlassungen wie die eines 59-jährigen Sozialpädagogen aus Hannover, der jüngst offen seine Sympathien für rechtspopulistische Positionen bekannte[5], sind unverkennbare Indizien, dass sich der (Rechts-)Populismus bis tief in die Mitte der Gesellschaft und damit auch in solche Berufsfelder eingefressen hat, denen man eigentlich allein vom beruflichen Selbstverständnis her eine höhere Immunität unterstellen würde.

Selbst die Kirchen mit ihren Diensten und Einrichtungen sind vor (rechts-)populistischen Versuchungen nicht gefeit. Im Gegenteil: Die jüngste Studie zur Gruppenbezogenen Menschenfeindlichkeit in Bayern, die ausdrücklich auch die konfessionelle Bindung von rechtspopulistisch eingestellten Menschen untersuchte, konfrontiert mit der irritierenden Realität, dass gerade Katholikinnen und Katholiken durch ein deutlich höheres Maß an ausgrenzenden Ressentiments etwa gegen arbeitslose oder geflüchtete Menschen geprägt sind.[6] Da nimmt es kein Wunder, dass Haupt- und Ehrenamtliche auch kirchlicher Sozialer Arbeit immer wieder (rechts-)populistischen Anfeindungen aus den eigenen Reihen ausgesetzt sind.

Für die Soziale Arbeit ist der Einsatz für die von Ausgrenzung bedrohten und betroffenen Menschen und damit gegen Populismen aller Art ein professionelles Muss. Denn sie versteht sich heute als *Menschenrechtsprofession* im engen Sinne des Wortes – also als ein (ehren- oder hauptamtlich formatiertes) professionelles Engagement, das die völkerrechtlich vereinbarten oder sogar verfassungsrechtlich abgesicherten Menschenrechte ihrer Adressat*innen respektiert *(respect)*, schützt *(protect)* und zur Entfaltung bringen *(fulfill)* will.[7] Und (rechts-)populistische Anfeindungen und Ausgrenzungen bedrohen ganz unmittelbar elementare Menschenrechtsansprüche einschlägig vulnerabler Menschen(-gruppen), so dass Soziale Arbeit in einer herausgehobenen Verantwortung steht, den Geflüchteten, Wohnungslosen, Anderskulturellen, Behinderten, Arbeitslosen usw. mit ihrer fachlichen Expertise beizustehen.

3. Menschenrechtsschutz – zwischen Abwehr von Übergriffen und Prävention durch Stärkung potentieller Opfer

Im Mittelpunkt menschenrechtsambitionierter Sozialer Arbeit steht zweifelsohne der Schutzaspekt *(protect)*. Menschenrechtsschutz umfasst zunächst die Abwehr *(reject)* einer unmittelbaren Gefahr – hier also aller Formen von Äußerungen oder Handlungen, die Andere etwa im Sinne der Gruppenbezogenen Menschenfeindlichkeit herabwürdigen und darüber deren Menschenrecht auf Nichtdiskriminierung usw. verletzen. Ehrenamtlich wie hauptamtlich Aktive der Sozialen Arbeit sind in vielerlei Hinsicht zu solcher Zurückweisung herausgefordert. Sie reicht von der Gegenwehr, wenn etwa die Facebook-Seite ihrer Einrichtung von rassistischen Wortmeldungen überschwemmt wird, nachdem die Einrichtungsleiterin öffentlich zum Engagement für Geflüchtete aufgerufen hat; sie beinhaltet die entschiedene Zurückweisung von Äußerungen von Kolleginnen und Kollegen, wenn diese ihre eigenen beruflichen Kontakte zu vulnerablen Personengruppen wie Wohnungslosen, Drogenabhängigen oder Sinti und Roma wiederholt mit rassistischen, homophoben oder sozialdarwinistischen Bemerkungen kommentieren; und sie umfasst im Fall der Fälle auch jene außerberuflichen Alltagssituationen, in denen sie bei ihrem samstäglichen Einkauf an der Kasse Zeugin von verbalen oder sogar handgreiflichen Attacken gegen orthodoxe Juden wird. Solche Situationen nehmen in der letzten Zeit zwar zu, sind aber alles andere als neu. Umso erstaunlicher ist es, dass angemessene, also gleichermaßen entschiedene wie deeskalierende Interventionsformen offensichtlich kaum in der Ausbildung für professionelle Soziale Arbeit thematisiert, geschweige denn eingeübt werden. Das wäre für einen wirksamen Menschenrechtsschutz unerlässlich. Denn es bedarf tatsächlich einer wohl bedachten wie eingeübten Praxis, wenn eine Erzieherin in einer katholischen Kindertagesstätte den Anspruch eines Vaters zurückweist, dass er seinem fünfjährigen Sohn auch mit einem *Thor-Steinar*-Pullover – ein unverkennbares Symbol für rechtsextreme Gesinnung – anziehen dürfe, wenn andere Kinder mit einem Kreuz am Halskettchen zur Kita kommen dürften.[8]

Neben der Zurückweisung *(reject)* besitzt freilich auch das Moment der Prävention *(prevent)* eine große Bedeutung für den Menschenrechtsschutz. Präventiver Opferschutz stärkt zunächst die persönlichen Kompetenzen wie strukturellen Vorkehrungen, mittels derer die von Ausgrenzung bedrohten Menschen etwaige (rechts-)populistische Anfeindungen und Übergriffe möglichst selbstständig abzuwehren in der Lage sind. Solche Kompetenzen entwickeln sich allerdings nur mühsam. Denn deren Anfälligkeit für populistische Anfeindungen liegt gerade in einer lebenslagenbezogenen Schwäche und Wehrlosigkeit, die (Rechts-)Populismen weidlich für ihre Zwecke ausnutzen können. Deshalb ist es ein erster Schritt ihrer Stärkung, wenn sie in konkreten Gefährdungssituationen ostentativen Beistand und die fachliche Expertise Sozialer Arbeit als unmittelbare Unterstützung ihrer Gegenwehr erfahren. Auf diesem Fundament können dann die klassischen Strategien zum Empowerment vulnerabler Personen und insbesondere zur Stärkung ihrer persönlichen Resilienz und einer ‚gruppenbezogenen Gegenmachtbildung' aufbauen, die sich allen Anfeindungen und Übergriffen wirksam erwehrt. Darin liegt übrigens auch die große Bedeutung vieler ehrenamtlicher Unterstützer*innen, die freilich in der Regel ebenfalls sozialprofessioneller Begleitung und Befähigung bedürfen.

4. ‚Opferschutz' durch ‚Tatprophylaxe' – Soziale Arbeit mit (potentiellen) Täter*innen

Zur Prävention (rechts-)populistischer Anfeindungen zählt allerdings auch deren Verhinderung: Tatprophylaxe dient unmittelbar dem Opferschutz. Präventive Maßnahmen adressieren grundsätzlich beide: potentielle Opfer von (rechts-)populistischen Anfeindungen wie potentielle Täter und Mittäter. Folglich ist für jede menschenrechtsambitionierte Soziale Arbeit die Auseinandersetzung mit den Ursachen des Populismus, genauer: mit der Lebenslage all jener Menschen zwingend, die der populistischen Versuchung erliegen – sei es, dass sie sich selbst in populistische Aktionen und Bewegungen einreihen, sei es, dass sie etablierte (rechts-)populistische Akteure etwa in entsprechenden Parteien durch ihr Wählervotum unterstützen und damit zur (rechts-)populistischen Bedrohung einschlägig vulnerabler Menschen wesentlich beitragen.

Die Ursachen für (rechts-)populistische Einstellungs- und Handlungsmuster sind bekanntermaßen komplex und keinesfalls eineindeutig: Allgemeine Orientierungslosigkeit; Überforderungen in einer Lebenswelt, deren Komplexität und Unübersichtlichkeit rasant zunimmt; Ohnmachtserfahrungen durch soziale oder auch politische Deprivation; Befürchtungen, den liebgewonnenen Lebensstandard zu verlieren und womöglich selbst in das Chaos ungesicherter Existenzen abzustürzen. Diese und viele weitere Faktoren können schwerwiegende Verunsicherungen auslösen, die ‚wütend' mit populistischem ‚Sich-Luft-Verschaffen' kompensiert und in demonstrative Macht gegen Schwächere transformiert werden sollen. Besonders in Zeiten tiefgreifenden sozialen Wandels steigt die Versuchung zur populistischen Kompensation enorm an. Die Gewinn- und Verlustseiten solcher Wandlungsprozesse sind in der Regel sehr ungleich verteilt. Entscheidend ist nicht, ob die persönliche Lebenslage *objektiv* gesehen Anlass für Verlustängste oder Verunsicherungen bietet. Entscheidend ist vielmehr – und das weiß Soziale Arbeit aus ihren einschlägigen Kenntnissen zur *subjektiven* Seite menschlicher Lebenslage sehr genau –, wie Menschen ihre persönliche oder auch gesellschaftliche Lebenslage *subjektiv* wahrnehmen, bewerten und in ihr privates wie politisches Verhalten einfließen lassen.

Natürlich kann sich herausstellen, dass Bedrohungsgefühle, Missachtungserfahrungen oder Verlustängste unbegründet sind. Vielleicht drücken sie sogar nur den bornierten Kampf um die Erhaltung egoistischer Privilegien aus und müssten eigentlich als ‚imperiale Lebensstile' zurückgewiesen werden. Vielleicht erweisen sich manche Bedrohungsgefühle, Missachtungserfahrungen oder Verlustängste dagegen auch als sehr berechtigt. Wie dem auch sei: In jedem Fall müssen diese subjektiven Gefühle ernst und zum Anlass genommen werden, sie humanitätsverträglich, also in demokratisch-menschenrechtskonforme Weisen der Konfliktregulierungen zu transformieren – jedenfalls immer dann, wenn sie als Resonanzboden genutzt werden, um die leibliche oder seelische Integrität anderer in (rechts-)populistischer Manier zu beschädigen und zu verletzen. Darin besteht die moralische Verpflichtung auch Sozialer Arbeit, entschieden gegen Populismen anzugehen und sie nicht als bloß subjektive Meinungsäußerungen unwidersprochen im öffentlichen Raum stehen oder womöglich noch unter Verweis auf das Grundrecht der Meinungsfreiheit gewähren zu lassen.

Doch wie sozialprofessionell arbeiten mit Personen aus dem Spektrum rechtspopulistischer Versuchungen – insbesondere angesichts der Tatsache, dass dieses Spektrum extrem heterogen ist? Wie lassen sich die subjektiven Gefühle der Bedrohung, Missachtung oder Verlustängste in demokratisch-menschenrechtliche Konfliktlösungen transformieren, bevor sie in ethnozentrische, chauvinistische, rassistische oder andere rechtspopulistische Bewältigungsstrategien abgleiten oder, noch herausfordernder, nachdem sie schon dort hinein abgeglitten sind?

Soziale Arbeit wird sich hier vor jeder Allmachtsfantasie hüten müssen. Trotz ihres umfangreichen Methodenrepertoires stehen ihr nur begrenzte Interventionsstrategien zur Verfügung. Im Unterschied etwa zu polizeilichen Interventionen kann sie nicht mit strafbewehrten Verboten oder anderen Zwangsmaßnahmen arbeiten. Sie muss stattdessen auf Veränderungsprozesse setzen, die von den Betroffenen letztlich selbst initiiert oder wenigstens einigermaßen freiwillig zugelassen werden. Erfolgsgarantien gibt es keine. Erfolgsaussichten eröffnen ohnehin nur solche personen-, gruppen- oder auch sozialraumorientierten Ansätze, die an den vorfindlichen Ressourcen der adressierten Personen ansetzen und (mit) ihnen Gelegenheitsstrukturen eröffnen, in denen sie sich humanitätsverträglich entwickeln können. Privilegierte Gelegenheitsstrukturen sind hier Formen demokratieorientierter Gemeinwesenarbeit, die zwischen den verschiedenen, gelegentlich sogar abweisenden oder sogar feindlichen Milieus soziale, kulturelle und nicht zuletzt *mentale* Brücken zu bauen im Stande ist und ein solches *Wir* generiert, das seine Stärke aus einem mehr oder weniger gelingenden *Bridging* über alle Differenzen hinweg bezieht. Solches Ringen um Brücken – theologisch möchte man fast von Pontifikalhandlungen des Alltags sprechen – löst in der Regel einen Sog aus, der die vorfindlichen Einstellungen gerade in ihren Verhärtungen verflüssigen und damit ins Konstruktive wenden kann.

5. Akzeptierende ‚Täterarbeit'? Warnung vor einem weitverbreiteten Missverständnis

Diese grundsätzliche Einsicht Sozialer Arbeit hat sich nochmals im sozialprofessionellen Umgang mit rechtsradikalen Jugendlichen und jungen Erwachsenen eindrucksvoll bestätigt. Nachdem sich Soziale Arbeit lange Zeit geweigert hatte, überhaupt mit dieser Adressatengruppe zu arbeiten („Die müssen sich erst ändern, bevor wir uns um sie kümmern!"), stellte sich dann schnell heraus, dass eine bloß belehrende ‚Pädagogik gegen rechts' wenig bewirkt.[9] Erst Ansätze der lebensweltorientierten Sozialen Arbeit *(Hans Thiersch)*, bei denen die Adressierten die beabsichtigten Veränderungen ihrer ‚rechten' Einstellungen oder Handlungsmuster als auch für sie selbst gewinnbringend erleben, können eine nachhaltige Wirkung entfalten. Solche Ansätze werden mitunter als „akzeptierende Jugendarbeit"[10] bezeichnet.

Dieses Labeling hat freilich das Missverständnis begünstigt, als ginge es akzeptierender Sozialer Arbeit darum, die Einstellungs- und Handlungsmuster rechter Jugendlicher zu akzeptieren oder gar zu rechtfertigen – insbesondere dann, wenn sie auf die extremen biographischen Beschädigungen hinweist, die die betroffenen Jugendlichen und jungen Erwachsenen seit ihrer frühen Kindheit durch Gewalt- und sonstige Missachtungserfahrungen oftmals erlitten haben. Dieses Missverständnis entsteht allerdings nur dann, wenn der erhebliche Unterschied zwischen dem *Verstehen* einer Lebenswelt und dem *Verständnis* für die daraus erwachsenen Einstellungs- und Handlungsmuster oder auch der ebenfalls erhebliche Unterschied zwischen dem *Ansatzpunkt* (‚vorfindliche Lebenswelt') und dem *Zielpunkt* (‚humanitätsverträgliche Lebensbewältigung') sozialprofessioneller Interventionen übergangen wird. Demgegenüber muss festgehalten werden: Akzeptiert wird lediglich die Ausgangssituation, in der Menschen mit durchaus erschreckenden Mustern ihrer Lebensführung stehen – einschließlich ihres biographischen Gewordenseins –, sowie der Anspruch eines Jeden auf Unterstützung, sollte er bei seiner Lebensbewältigung ihrer bedürfen.

Studien zur Verbreitung rechtsradikaler Einstellungs- und Handlungsmuster im ländlichen Raum belegen, dass rechtsextreme Bewegungen und Parteiungen dann ‚die Köpfe und Herzen' von Menschen gewinnen, wenn die soziale, kulturelle, wirtschaftliche oder auch politische Infrastruktur erheblich ausgedünnt oder sogar längst zusammengebrochen ist. Die Realität strukturschwacher Räume bestätigt vielerorts das subjektive Gefühl, von der gesellschaftlichen Entwicklung abgehängt und von ihrer Prosperität ausgeschlossen zu sein. In einem solchen trostlosen Vakuum können (Rechts-)Populismen mit begieriger Nachfrage rechnen – zumal dann, wenn sie ein Wir-Gefühl erzeugen, das durch den erhöhten Konformitätsdruck überschaubarer Gemeinschaften wie die eines Dorfes zusätzlich zusammengehalten wird.[11]

Damit kein Missverständnis entsteht: Zwischen rechtsextremen und (rechts-)populistischen Einstellungs- und Handlungsmustern besteht ein erheblicher Unterschied – auch wenn ihre Grenzen gelegentlich verfließen. Rechtsextremismus greift zu den Mitteln brachialer Gewalt, wenn er die Ziele einer ethnischen Säuberung seines Lebensraumes verfolgt – notfalls mit Brandanschlägen auf Flüchtlingsheime oder Mordanschlägen auf Wohnungslose und Menschen, die anderen Kulturkreisen oder religiösen Überzeugungen angehören. Rechtspopulisten schüren auf deren Kosten ‚lediglich' entsprechende Stimmungen. Aber auch das ist eine Form von Gewalt: Sie bilden den Nährboden für weitere Radikalisierungen; sie schaffen ein Klima für Verharmlosungen; oder sie spiegeln eine versteckte Akzeptanz gegenüber manifester, handgreiflicher Gewalt. Und natürlich sind sie durch ihre Stigmatisierungen, Abwertungen und Ausgrenzungen selbst der unmittelbare Ausdruck einer einschüchternden psychischen Gewalt gegen Andere. Deshalb gilt kategorisch: Bei allem Bemühen um Akzeptanz und Brückenbauen steht Soziale Arbeit immer in der Verantwortung für eine demokratisch-menschenrechtliche Profilierung gegen alle Populismen und ihre Radikalisierungen insbesondere von rechts.

Exklusion und Gewalt

Islamophobie und die Kulturalisierung und quasi-religiöse Färbung von Bürgerschaft in den Niederlanden

Christoph Baumgartner

1. Einleitung

Die Beziehung zwischen Populismus und Religion scheint in westeuropäischen Debatten und politischen Kampagnen auf den ersten Blick vor allem auf das spannungsvolle Verhältnis zwischen (Rechts-)Populismus auf der einen Seite und dem Islam auf der anderen Seite zugespitzt zu sein. Parteien und Bewegungen wie der französische Front National, die britische UK Independence Party, Vlaams Belang in Belgien, die Alternative für Deutschland und Geert Wilders' Partei für die Freiheit in den Niederlanden profilieren sich nicht zuletzt als Streiterinnen gegen den Islam. „Der Islam" wird dabei nicht nur als Nährboden für radikale anti-demokratische Ideologien und gewalttätige Aktionen beziehungsweise als Gefahr für die innere Sicherheit beschrieben. Vielmehr konstruieren rechtspopulistische Bewegungen und Parteien den Islam als allgemeine Bedrohung für die jeweilige nationale Identität und Kultur. Derartige Prozesse der Konstruktion des Islam als Bedrohung für eine (ebenfalls konstruierte) nationale Identität und Kultur werden besonders deutlich am Beispiel der Niederlande, auf das ich mich in diesem Beitrag konzentrieren werde.[1]

2. Von der Versäulung zu säkularem Progressivismus und anti-islamischer Polemik

Von Deutschland aus betrachtet galten die Niederlande lange als Paradebeispiel einer kulturell und religiös pluralen, vor allem jedoch einer liberalen Gesellschaft. Bis zum Beginn der 1960er Jahre war die niederländische Gesellschaft entlang weltanschaulicher Linien organisiert, und konkrete religiöse und weltanschauliche Zugehörigkeiten wurden von vielen Bürgerinnen und Bürgern als vorrangig gegenüber einer abstrakten nationalen Gemeinschaft erfahren.[2] Dementsprechend spielte sich das alltägliche Leben weitgehend innerhalb sogenannter „Säulen" ab: Protestanten gingen in Läden von Protestanten einkaufen, waren in protestantischen Gewerkschaften organisiert, lasen protestantische Zeitungen, wählten entsprechende politische Parteien, ihre Kinder gingen auf protestantische Schulen und so weiter, und Entsprechendes galt für Mitglieder der drei anderen großen weltanschaulichen Gruppen, Katholiken, Liberale und Sozialisten.[3]

Dieses System der „Versäulung" der Gesellschaft brach im Zuge eines Säkularisierungsprozesses zusammen, der in den Niederlanden rasant verlief und die Gesellschaft radikal veränderte. Waren bis zu den 1960er Jahren die innerhalb der jeweiligen Gruppen geteilten (und größtenteils durch Tradition vorgegebenen) Normen und Werte bestimmende Organisationsprinzipien des sozialen Lebens, so emanzipierten sich die Niederländerinnen und Niederländer nun sehr weitgehend von gemeinschaftlichen Banden und traditionellen Moralvorstellungen. Authentizität, Individualismus, Säkularismus und Freiheit, oftmals verbunden mit einer ausgeprägten Konsum- und Genusskultur traten an die Stelle traditioneller und konservativer Werte.[4] Kulturelle Vielfalt, Liberalität und Toleranz wurden nun gewissermaßen zum Markenzeichen der Niederlande, und die liberale Gesetzgebung auf Gebieten wie gleichgeschlechtliche Ehe, Euthanasie und dem Konsum „weicher" Drogen gelten in Deutschland bis heute als institutioneller Ausdruck der entsprechenden Moralvorstellungen. Diese Entwicklung brachte eine dominante Mehrheitskultur hervor, deren Kernkomponenten ein „demonstrativer kultureller Liberalismus" im Sinne der bereits beschriebenen Freiheit von traditionellen Autoritäten sowie ein normativer „säkularer Progressivismus" sind.[5] Letzterer versteht Religion als Privatsache, die für gesellschaftliche Angelegenheiten irrelevant ist oder gar als überholt und als Hindernis für Emanzipation und Modernisierung gilt. Diese dominante Mehrheitskultur ist eine wichtige Basis für das Verständnis der gegenwärtigen rechtspopulistischen Polemik gegen den Islam in den Niederlanden.[6]

Debatten über Religion im öffentlichen Raum in den Niederlanden betreffen meist den Islam, etwa den Bau von Moscheen mit Minaretten, den Gebetsruf des Muezzins, das „rituelle Schlachten" von Tieren im Kontext der Lebensmittelproduktion oder verschiedene Formen der Verschleierung muslimischer Frauen. Dabei wird der Islam in der Regel als fremde Religion konstruiert, die in den Niederlanden erst durch den Zustrom von Immigranten in den 1950er Jahren zu einer signifikanten Größe wurde. Zwar waren die Niederlande bis zur Unabhängigkeit Indonesiens 1949 weltweit das Kolonialreich mit den meisten Muslimen. Dies hat jedoch im heutigen Selbstverständnis des Landes kaum Spuren hinterlassen.

Doch wie erfolgt nun die zu Beginn dieses Beitrags genannte Konstruktion „des Islam" als allgemeine Bedrohung für „die" niederländische Identität und Kultur – also explizit im Unterschied zur Beschreibung von Teilen des radikalen und politischen Islams als konkrete Bedrohung etwa im Kontext von Gewaltakten?

3. Kulturalisierung von Bürgerschaft

Die aktuelle Populismusforschung beschreibt den gegenwärtigen Rechts- oder Nationalpopulismus als Bewegung, die einem „Wir“ ein „die anderen“ gegenüberstellt.[7] Dies geschieht zum einen auf einer vertikalen Achse, wobei „die Elite“ (etablierte Politikerinnen, Kulturschaffende und so weiter) als „die anderen“ gelten, die sich nicht um die Belange der Normalbürgerinnen und -bürger kümmern, jeden Bezug zur Alltagswelt verloren haben und nur ihre eigenen Interessen verfolgen. Auf einer horizontalen Achse werden „die anderen“ vorwiegend anhand kultureller Vorstellungen und Stereotype beschrieben, die sich von der Lebensweise und den Gewohnheiten und Idealen der gesellschaftlichen Mehrheit (dem „Wir“) unterscheiden. Dabei wird dasjenige, was für die politischen Debatten über „Zugehörigkeit zu den Niederlanden“ – also zum „Wir“ im Sinne der Populisten – als relevant gesehen wird, in zunehmendem Maße kulturell und quasi-religiös bestimmt.

Entscheidend ist also nicht, ob eine Person im juridischen Sinne Bürgerin der Niederlande ist, mit allen damit verbundenen Rechten und Pflichten. Es geht auch nicht primär um Beteiligung und Zugehörigkeit im ökonomischen Sinn, etwa im Arbeitsleben. So ist es durchaus möglich, dass eine niederländische Lehrerin, deren Großeltern in den 1950er Jahren aus Marokko als Arbeitsmigranten in die Niederlande kamen, als „nicht wirklich zugehörig“ und als „marokkanisch“ wahrgenommen wird. Die entscheidende Frage ist vielmehr, wie sich eine Person beziehungsweise die Gruppe, als deren Angehörige sie in der politischen Debatte beschrieben wird, zur oben beschriebenen dominanten Mehrheitskultur verhält. Zur Analyse und Beschreibung dieses Phänomens und der damit verbundenen Inklusions- und Exklusionsprozesse verwenden eine Reihe niederländischer Sozialwissenschaftlerinnen und Sozialwissenschaftler den Begriff der Kulturalisierung von Bürgerschaft *(culturalisation of citizenship)*.[8] Demzufolge werden Vorstellungen von Zugehörigkeit und „guter Bürgerschaft" auf der Basis von Normen, Werten, Symbolen und Traditionen bestimmt die als „typisch niederländisch" konstruiert werden. Wer zum oben genannten „Wir" gehören und dementsprechend anerkannt werden will, von dem wird erwartet, dass er sich „die niederländische Kultur" zu eigen macht, sich vollumfänglich und sichtbar mit ihr identifiziert und sich auch emotional in ihr zu Hause fühlt.[9]

Steht dies in Spannung zu kulturellen oder religiösen Eigenheiten einer Minderheit, so erfordert die Kulturalisierung von Bürgerschaft, dass „fremde" kulturelle oder religiöse Normen, Werte und Traditionen durch „die" niederländische Kultur gewissermaßen überschrieben werden. Die niederländische Identität soll, so beschreibt der Anthropologe Peter Geschiere den entsprechenden Prozess, andere kulturelle Identitäten „kannibalisieren", um so „Fremde" in vertrauenswürdige Bürgerinnen und Bürger zu transformieren.[10] Die Aufrechterhaltung und Pflege von Gebräuchen und Traditionen kultureller Minderheiten im öffentlichen Raum hingegen würde die Angehörigen dieser Gruppen gerade als „anders" und „fremd" herausheben und als Bedrohung der nationalen Identität und Kultur erscheinen lassen. Genau darauf zielt die „Islamophobie" beziehungsweise die Angst vor einer „Islamisierung" der Niederlande, wie sie vor allem von Geert Wilders' rechts- beziehungsweise nationalpopulistischer Partei für die Freiheit in aggressiver Form artikuliert und instrumentalisiert wird: Normen und Praktiken, die als nicht im Einklang mit „der niederländischen Kultur" (dem „Wir") wahrgenommen beziehungsweise als solche konstruiert werden, werden als Gefahr für die Zukunft dessen, was als Identität der Niederlande und als niederländische Tradition verstanden wird, präsentiert.

Damit stellt sich freilich die Frage, was „die niederländische Kultur" in diesem normativen Sinn denn genau ist und welche Normen, Werthaltungen und Praktiken damit verbunden sind, und was dies für das Verhältnis zwischen Populismus und Religion in den Niederlanden bedeutet.

4. Quasi-religiöse Färbung von Zugehörigkeit

Bei der Suche nach dem konkreten Inhalt, der dem Prozess einer Aneignung einer bestimmten niederländischen Kultur eine bestimmte Richtung geben könnte, ist es zunächst naheliegend, auf die oben beschriebene dominante Mehrheitskultur zu verweisen, die sich im Zuge des Säkularisierungsprozesses seit den 1960er Jahren gebildet hat. Und tatsächlich dokumentieren die praktischen Instrumente, die etwa im Kontext der Einbürgerung von Immigrantinnen und Immigranten verwendet werden, dass beispielsweise Individualismus und Freiheit im Sinne einer Unabhängigkeit von traditionellen Autoritäten, nahezu unbeschränkte Meinungsfreiheit, Gleichheit von Mann und Frau und Säkularismus im Sinne einer weitgehenden (aber, wie noch zu zeigen sein wird, doch nur scheinbaren) Privatisierung von Religion wesentliche Bestandteile dessen sind, was im normativen Sinn als „typisch niederländisch" gilt. Dies wird etwa an Einbürgerungstests deutlich, in denen Bilder von barbusigen Frauen und gleichgeschlechtlichen Paaren verwendet werden, um zu prüfen, inwiefern sich diejenigen, die sich um die niederländische Staatsangehörigkeit bewerben, tatsächlich mit „der" niederländischen Kultur identifizieren und sich ihr zugehörig fühlen.[11] Der von Cora Schuh und anderen beschriebene „demonstrative kulturelle Liberalismus“ und „normative säkulare Progressivismus“ fungieren also durchaus als wichtige Komponenten dessen, was als „die niederländische Kultur“ politisiert und gewissermaßen gegen „den Islam“ in Stellung gebracht wird.

Im Zusammenhang des Spannungsfelds von Christentum und Populismus ist jedoch ein weiteres Element bedeutsam. Denn gerade bezüglich der rechtspopulistischen Rhetorik wäre es unpräzise und irreführend, das „Wir“ und „die niederländische Kultur“, die Geert Wilders und anderen zufolge durch eine scheinbare „Islamisierung“ gefährdet sind, als „säkular“ zu beschreiben. Denn wie Rogers Brubaker, Ernst van den Hemel und andere zeigen konnten, verbinden gerade europäische Rechtspopulisten die von ihnen als bedroht präsentierte jeweilige nationale Kultur explizit mit dem Christentum beziehungsweise mit der jüdisch-christlichen Tradition.[12] „Typisch niederländische“ Werte wie Toleranz, Geschlechtergleichheit, sexuelle Selbstbestimmung und Säkularismus werden dabei als Errungenschaften der jüdisch-christlichen Kultur verstanden. Dass dies dem Stand der historischen Forschung eher widerspricht und Prinzipien wie Geschlechtergleichheit, Meinungsfreiheit und vor allem die Gleichberechtigung homosexueller Paare eher gegen den Widerstand des Christentums erkämpft wurden, wird dabei geflissentlich übersehen beziehungsweise ausgeblendet. Das Christentum sowie die Bezeichnung „jüdisch-christlich“ werden in diesem Prozess kulturalisiert und nicht im Sinn einer Affirmation einer bestimmten Glaubenslehre oder -praxis verstanden. Rogers Brubaker spricht in diesem Zusammenhang von säkularisiertem Christentum-als-Kultur sowie von einem zivilisatorischen und identitären „Christianism“.[13]

Diese Kulturalisierung beziehungsweise Säkularisierung des Christentums und der jüdisch-christlichen Tradition im

Kontext der rechtspopulistischen Polemik gegen den Islam hat verschiedene Funktionen. Zum ersten profiliert die Konstruktion des „Wir“ und des eigenen als „christlich“ den Islam besonders klar als „das Andere“. Beziehungsweise umgekehrt, so Rogers Brubaker: „Crudely put, if ‚they‘ are Muslim, then ‚we‘ must, in some sense, be Christian. But that does not mean that ‚we‘ must be religious.“[14] Noch deutlicher schreibt Ernst van den Hemel dem Begriff der „jüdisch-christlichen Tradition“ im Kontext der niederländischen Debatte die Funktion eines Kampfbegriffs zu, der explizit dazu benutzt wird, den Islam als das mit der niederländischen Kultur weitgehend unvereinbare Andere und Fremde erscheinen zu lassen.[15] Eine zweite Funktion der Kulturalisierung des Christentums besteht darin, dass es durch den Verlust des explizit religiösen Charakters möglich wird, das Christentum (als kulturelle Größe) gegenüber dem Islam (als Religion) zu privilegieren, ohne damit den Anspruch des Staates auf religiöse Neutralität zu verletzen.[16] Dies wird beispielsweise an Debatten über öffentliche Feiertage deutlich: eine eventuelle Einführung des Fests des Fastenbrechens im Anschluss an den islamischen Fastenmonat Ramadan als offizieller Feiertag kann dann abgewiesen werden mit der Begründung, dass dies einer symbolischen Affirmation einer bestimmten (noch dazu „fremden“) Religion entspräche, während Feiertage wie Weihnachten, Ostern und Pfingsten in der niederländischen Gesellschaft einen vorwiegend kulturellen Charakter hätten.

5. Schluss

Aus sozialethischer Perspektive erscheinen die oben beschriebenen Prozesse im Allgemeinen und die Kulturalisierung von Bürgerschaft mit dem damit verbundenen kulturalisierten Christentum sowohl als erstaunlich als auch als problematisch. Erstaunlich ist zum einen die scheinbar mühelose Gründung liberaler Werte wie Toleranz, Meinungsfreiheit und die Gleichberechtigung homosexueller Partnerschaften im Christentum. Darüber hinaus suggeriert die Verzahnung der niederländischen Kultur einerseits mit dem Christentum beziehungsweise der jüdisch-christlichen Kultur andererseits, dass auch andere kulturprägende Elemente wie ein ausgeprägter Konkurrenzsinn und Gewinnstreben, ein neoliberaler Kapitalismus und daraus resultierende Folgen wie eine zunehmende soziale Ungleichheit und der globale Klimawandel auf die eine oder andere Weise mit dem Christentum verbunden wären. Das mag auch durchaus der Fall sein, doch darf man nicht aus dem Auge verlieren, dass derartige Phänomene durch Moraltheologien und Soziallehren verschiedener Religionen einschließlich des Judentums, des Christentums und des Islam kritisiert werden.

Problematisch ist die Kulturalisierung von Bürgerschaft im oben beschriebenen Sinn, da sie trotz einer weitgehenden religiösen Diversifizierung der Gesellschaft einen bestimmten und im Grunde historisch kontingenten Zustand auf eine Weise zu zementieren versucht, der im Lichte grundlegender moralischer und politischer Prinzipien einer liberaldemokratischen Gesellschaft als ungerecht erscheinen muss. Denn die Kulturalisierung von Bürgerschaft im oben beschriebenen Sinn macht es für Bürgerinnen und Bürger unmöglich, gleichberechtigt an der zukünftigen Gestaltung ihrer (!) Gesellschaft teilzunehmen, wenn sie nicht als Mitglieder des oben beschriebenen „Wir“ wahrgenommen werden. Dies betrifft übrigens nicht nur Muslime, sondern auch Angehörige anderer kultureller und religiöser Minderheiten. Die hier beschriebenen Entwicklungen und Prozesse können zudem als Warnung verstanden werden, dass die Verteidigung freiheitlich-demokratischer Normen und Werte oftmals Gefahr läuft, selbst grundlegende Prinzipien des politischen Liberalismus zu verletzen.[17] Um diese grundlegenden Prinzipien wirklich schützen zu können – auch gegenüber möglicherweise realen Bedrohungen durch politische oder religiöse Extremisten –, müssen sie zunächst von allgemeineren und möglicherweise flexibleren Gewohnheiten und kulturellen Besonderheiten unterschieden werden können. Eine Kulturalisierung und quasi-religiöse Färbung von Bürgerschaft erschwert dies eher, als dass sie einen hilfreichen Beitrag zur Lösung echter politischer Probleme leistet.

Kritik des Autoritarismus

Michelle Becka

1. Autoritäre Gesinnung

> „Amerika entfernt sich so weit vom echten American way of life, daß er vielleicht nur noch mit Zwang wiederherstellbar ist. […]
> Wer unsere Ehre kränkt, sollte nicht ungestraft bleiben. […]
> Viel stärker als die meisten Menschen erkennen, wird unser Leben durch Verschwörungstheorien bestimmt, welche die Politiker insgeheim aushecken.“[1]

Diese Aussagen könnten aktuellen Reden entnommen sein, doch sie stammen aus den Erhebungsbögen der „Studien zum autoritären Charakter“, die Adorno und sein Team ab 1945 durchgeführt haben. Durch die „Erforschung von Meinungen, Attitüden und Wertvorstellungen“[2] sollten Denkmuster zum Vorschein gebracht werden, die eine Affinität zu faschistischem Denken aufweisen. Ein wichtiger Hinweis dazu ergab sich aus der Feststellung des gehäuften gemeinsamen Auftretens bestimmter Charaktereigenschaften: Die Bereitschaft, sich Autoritäten zu unterwerfen, antidemokratisches Denken und Diskriminierung gehen häufig zusammen, so ein Ergebnis der Studie.

Es gibt also, so könnte man folgern, etwas wie eine charakterliche Disponiertheit, sich bereitwillig Autoritäten zu fügen. Dabei handelt es sich jedoch nicht um eine natürliche Persönlichkeitsstruktur, die sich zwangsläufig entwickelt und zeigt. Sondern diese Art von Empfänglichkeit wird meist in der Kindheit und Jugend angelegt, sie kann aber durch verschiedene Faktoren begünstigt oder gehemmt werden. Von Bedeutung sind grundsätzliche Erfahrungen, etwa Überforderung, fehlende Anerkennung oder Missachtung, beschleunigte gesellschaftliche und wirtschaftliche Veränderungen wie der Wandel der Arbeitswelt und die damit einhergehende Angst vor dem Verlust des Arbeitsplatzes oder der Eindruck, mit seinen Anliegen und Interessen von politisch Verantwortlichen nicht gehört zu werden. Diese und andere Faktoren tragen dazu bei, dass eine autoritäre Gesinnung zum Durchbruch kommen kann, denn man erhofft sich von bestimmten Führungspersonen oder Gruppen Orientierung und Lösungen für das, was schief läuft.

Autoritarismus bezeichnet also eine besondere Disponiertheit des Individuums, die sich sowohl in autoritärer Aggression gegenüber anderen als auch in der bedingungslosen Unterordnung unter Autoritäten zeigt. Die autoritäre Persönlichkeit ist gekennzeichnet durch hohe Konformität und starken Normenkonventionalismus, der Gehorsam und absoluten Respekt gegenüber Autoritäten in den Vordergrund stellt. Der Wunsch nach Stärke einerseits und die Verachtung von Schwächeren andererseits bestimmen den Ruf nach einer starken Führungsperson sowie die Suche nach Sündenböcken und Feindbildern. Außerdem geht mit autoritärer Gesinnung meist ein ausgeprägter Nationalismus einher.[3]

Autoritäres Denken findet sich aktuell im breiten Spektrum rechtspopulistischer Bewegungen und Parteien und der damit verbundenen Geisteshaltung. Dabei kehren alte Motive rechten Denkens wieder – in neuer Gestalt und neu interpretiert. Darum soll es im Folgenden gehen. Das autoritäre Denken, wie es derzeit in der „Neuen Rechten“ seinen Ausdruck findet, fordert in seinen populistischen Ausprägungen lautstark die Bewahrung „abendländischer Werte". „Pegida" trägt die Verteidigung dieses Abendlandes sogar im Namen. Was aber sind „abendländische Werte"?

„Wohl nur wenige Begriffe sind derartig frömmelnd, unpräzise und emotionsbeladen wie der des christlichen Abendlandes."[4] Wie jeder Identitätsbegriff hat der Begriff „Abendland" konstruktiven Charakter. Dass Identitätsbegriffe Konstrukte sind, macht sie weder beliebig noch schmälert es ihre Bedeutung; problematisch ist, wenn der konstruktive Charakter geleugnet und die Begriffe essentialisiert werden. Im Begriff des Abendlandes ist das der Fall, gleichzeitig bleibt in besonderer Weise unklar, was er eigentlich bezeichnet. Welche geographische oder kulturelle Größe hiermit benannt werden soll, hat sich vielfach verändert und bis in das Gegenteil verkehrt, wenn etwa aus der Abgrenzung vom – abwechselnd als Asien, Orient, sozialistisch oder islamisch bezeichneten – Osten eine Zuwendung zu demselben wird, um sich gemeinsam gegen eine diagnostizierte Gefährdung abendländischer Werte von anderen Seiten zu wenden.[5] Auch die lange notwendig erschienene Verbindung mit dem Attribut „christlich" ist längst nicht mehr zwingend. „Abendland" ist nach Weiß vor allem ein Begriff der Abgrenzung bei wechselnden Antagonismen, ein politischer Kampfbegriff, der höchst assoziativ ist, Emotionen zu wecken vermag und polarisiert. „Abendland" dient als Platzhalter zur Identitätsbildung durch Abgrenzung.

2. Abgrenzungen

Volker Weiß stellt präzise heraus, dass diese Abgrenzung in zwei Richtungen erfolgt:[6] Die erste Abgrenzung ist gegenwärtig die vom Islam, die sich v. a. als Ablehnung muslimischer Geflüchteter zeigt. Bemerkenswert ist, dass das autoritäre Denken umgekehrt durchaus Sympathie zeigen kann für den Islam, besonders in seinen fundamentalistischen Ausprägungen, mit dem man sich durch verschiedene Werte, Denkmuster, Rollenbilder u. a. verbunden fühlt. Weiß bezeichnet das Verhältnis als „Hassliebe".[7] Entsprechend dem Konzept des Ethnopluralismus ist eine Vielfalt der Völker und Kulturen, die hier im Sinne eines homogenen Ethnos gedacht werden, im neurechten Denken durchaus anerkannt – allerdings nur, solange sie sich in den ihnen eigenen Territorien aufhalten. In dieser Konstruktion strikter Räume von ebenso strikt homogenen Kulturen gehören Muslime nicht in das als Abendland konstruierte Europa.

Der Chefredakteur des rechtsgerichteten Magazins Compact, Jürgen Elsässer, erklärt ebendort, dass erst der konkrete Gegner Islam in Europa geschlagen werden müsse, dann aber sei der Einfluss Amerikas zu bekämpfen.[8] Das also ist die zweite Abgrenzung, die erfolgt: von den USA (teilweise auch Großbritannien), die in diesem Denken für Liberalismus, Multikulturalismus und Dekadenz stehen. Der westliche Universalismus, der sich als Anspruch versteht, dass allen Menschen die gleiche Würde und die gleichen Rechte zukommen, wird als Gleichmacherei wahrgenommen, aus dem eine Bedrohung der eigenen Identität resultiert.

Wie Weiß aufzeigt, findet sich in dieser doppelten Abgrenzung ein Grundmotiv des Denkens von Carl Schmitt wieder. Für Schmitt ist die Unterscheidung von Freund und Feind kennzeichnend für das Politische.[9] Feind ist dabei der „hostis", der bekämpfbare Gegenpart, gegenüber dem sich die politische Einheit überhaupt erst formiert.[10] Der Feind ist Konstitutionsbedingung des Politischen und der Identität, die folglich aus Abgrenzung resultiert. In der „Theorie des Partisanen" unterscheidet Schmitt zusätzlich zwischen absolutem und wirklichem Feind.[11] Der wirkliche Feind ist der, der konkret bekämpft wird.[12] Im Begriff des absoluten Feindes scheint hingegen etwas Unfassbares auf, das nicht mehr zu verorten ist. Im gegenwärtigen neurechten Denken wird diese Unterscheidung wieder aufgegriffen. So erkennt etwa der Ex-Republikaner und Ex-NPDler Jürgen Schwab im 11. September die Manifestation eines globalen Partisanentums – fragt anschließend aber nicht danach, inwiefern die „islamistischen Partisanen" als Feinde zu verstehen sind, sondern er spekuliert, ob die USA wirklicher oder absoluter Feind seien.[13] Weiß folgert aus ähnlichen Aussagen, dass heute für Pegida, AfD und andere der Islam als der „wirkliche Feind" fungiert: In der Gestalt muslimischer Geflüchteter wird der Islam zur Bedrohung der eigenen Identität stilisiert und somit zum Feind, der zu bekämpfen ist. Diese Abgrenzung ist die offensichtliche, der Gegner ist der konkrete. Der andere, verborgene Gegner hingegen sind die USA, von deren Liberalismus eine ernsthafte Gefahr ausgehe.[14]

3. Anti-Liberalismus und Anti-Universalismus

Ob man die Unterscheidung von wirklichem und absolutem Feind eindeutig zuordnen kann, ist hier nicht abschließend zu bewerten. Zentral ist aber zum einen, dass es eine solche doppelte Abgrenzung gibt, und zum anderen, dass die Abgrenzung von den USA für die Ablehnung eines bestimmten Zivilisationsmodells steht. Dieses umfasst Werte wie Toleranz, die Gleichwertigkeit der Geschlechter u. v. a.

Die Bedeutung einzelner Werte kann hier nicht diskutiert werden, aber ich möchte darauf hinweisen, dass sie in tiefer gehenden normativen Grundannahmen wurzeln – und genau diese Grundannahmen der Gesellschaft werden in dem neurechten autoritären Denken in Frage gestellt: Es grenzt sich ab von Universalismus und Liberalismus. Dem Universalismus wird unterstellt, alle Unterschiede zu homogenisieren und damit die eigene Identität zu bedrohen. Zwar zeigt uns der Blick in die Geschichte, dass im Namen des Universalismus tatsächlich Unrecht geschehen ist, weil die Idee universaler Werte (teils auch zur Verschleierung nationaler oder wirtschaftlicher Interessen) missbraucht worden ist, um andere Werte zu missachten und zu bekämpfen. Insofern gibt es eine bleibende Ambivalenz des Universalismus. Allerdings geht es im neurechten autoritären Denken wohl nicht um diese Art von kritischen Blick auf den Universalismus. Wichtiger noch ist jedoch, dass faktische Fehlinterpretationen einer für sich guten und begründeten Idee nicht zur Aufgabe des normativen Anspruchs nötigen. Die Idee der Universalität ist vielmehr aufrechtzuerhalten, weil es darum geht, die allgemeine Gleichheit aller Menschen anzunehmen – an Würde und Rechten. Auf der Grundlage der Achtung der fundamentalen Gleichheit aller kann und muss dann auch die jeweilige Besonderheit des Menschen anerkannt werden. Die Aufgabe dieses Gleichheits- und Universalitätsanspruches hingegen führt zu Diskriminierung und letztlich zur Abwertung von anderen Menschen oder auch Gruppen. Auf der Basis des christlichen Glaubens ist diese Abwertung nicht hinnehmbar!

Die zweite Ablehnung, die des Liberalismus, kennzeichnet jedes autoritäre Denken, denn der Liberalismus tritt für die Freiheiten des Einzelnen ein, der als autonomes Subjekt sein Leben selbst bestimmt und sich eben nicht durch Autoritäten wie Kultur, Tradition und Religion bestimmen lässt. Eine Kultur, die sich homogen und geschlossen versteht, muss sich dadurch bedroht fühlen. Auch hier ist richtig, dass der Liberalismus (sofern man von „dem“ Liberalismus überhaupt sinnvoll sprechen kann) in seiner politischen Gestalt sein emanzipatorisches Versprechen teilweise nicht einlöst und manche Kluften schafft, statt sie zu beseitigen. Das liegt unter anderem daran, dass Vertreter des politischen Liberalismus beanspruchen, für die Rechte anderer einzutreten, aber in der Gefahr stehen, sich aufgrund ihrer privilegierten Stellung von diesen anderen zu entfernen. Vor allem aber blendet der Liberalismus immer wieder die soziale Dimension der Teilhabe aus, wenn etwa Freiheitsrechte gegen soziale Rechte ausgespielt werden oder wenn die Eigeninitiative des selbstverantwortlichen Subjekts auch dort gefordert ist, wo dieses sie gar nicht leisten *kann*. Auch das Subsidiaritätsprinzip der Katholischen Soziallehre nimmt die aus der Freiheit resultierende Eigenverantwortung an, aber es fordert gleichzeitig Unterstützung, wenn der/die Einzelne oder die Gruppe nicht in der Lage ist, sie allein zu übernehmen. Die sozialstaatliche Rahmung ist im Sinne der Subsidiarität unverzichtbar.

Auch hier gilt: Dass ein politischer Liberalismus häufig Schwachstellen hinsichtlich des Sozialen hat, schmälert nicht die Grundidee des Liberalismus. Oder anders gesagt: Den politischen Liberalismus in seinen konkreten Ausformungen kann man kritisieren, aber die liberalen Grundwerte können nicht abgelehnt werden, ohne die Grundlage der Gesellschaft radikal in Frage zu stellen: Der Mensch ist frei und vernunftbegabt und als solcher in der Lage moralisch zu handeln. Aus seiner in der – stets in Beziehung zu anderen gedachten – Autonomie gründenden Würde resultieren konkrete Rechte. Das autoritäre Denken kritisiert nicht nur Schwächen oder Fehlformen eines politischen Liberalismus, sondern stellt die Freiheit des Subjekts selbst in Frage. Wenn der und die Einzelne aber nicht selbst entscheiden kann, was richtig und falsch ist, und sich mit anderen, gleichberechtigten freien Menschen auf Normen des Zusammenlebens verständigen kann, so bedarf er einer strengen Anleitung und Führung, so dass daraus eine autoritäre und hierarchische Staats- und Gesellschaftsordnung resultiert. Die politische Willensbildung im Diskurs freier und gleicher Bürgerinnen und Bürger ist aber Grundlage der Demokratie. Der Autoritarismus gefährdet diese folglich massiv.

4. Identität[15]

Mehrfach ist das für autoritäre Gruppen wichtige Thema der Identität bereits angeklungen; einige Gedanken sind hier zusammenzuführen: Kollektive Identität ergibt sich aus der – empfundenen oder zugeschriebenen – Zugehörigkeit zu einer Gruppe; sie wird durch Marker wie Sprache, Glaube, aber auch Musik, Küche, Kleidungscodes und vor allem über gemeinsame Erinnerungen bestimmt. Kollektive Identität geht über die Summe individueller Identitäten hinaus, es entsteht ein Wir, das Zusammenhalt, Orientierung und Heimat stiften soll. Als solche ist kollektive Identität für Menschen bedeutsam. Sie bleibt aber ambivalent, weil die Betonung der Gemeinsamkeit meist mit der Abwertung von Differenzen innerhalb der Gruppe und der Überzeichnung von Unterschieden zu anderen, Gruppe oder Einzelnen, einhergeht. Die Individualität und Differenz der Einzelnen ist dadurch bedroht. Konstruktionen kollektiver Identität sind trotz ihrer Ambivalenz unproblematisch, solange sie hinreichend offen und dynamisch gedacht werden und solange insbesondere die Freiheit der Einzelnen den kollektiven Identitäten nicht untergeordnet wird.

Das autoritäre Denken der neurechten und rechtspopulistischen Szene stellt aber die Freiheit der Einzelnen gerade in Frage; sie schwindet gegenüber der kollektiven Identität. Die

Bedeutung der gemeinsamen Identität wächst, und mit ihr wachsen die Tendenzen der Ab- und Ausgrenzung. Identität gilt dann nicht als dynamischer Begriff, sondern als statischer. Es erscheint notwendig, ein fest umrissenes „etwas" zu bewahren, jede Veränderung wird zur Bedrohung: Gewandelte Rollenbilder bedrohen in dieser Logik die Männlichkeit, Gender-Diskurse die Geschlechterverhältnisse insgesamt, Multikulturalität und muslimische Einwanderer bedrohen die Einheit einer konstruierten abendländischen Kultur etc. Was genau gefährdet ist, bleibt dabei unklar. Am meisten gefährdet ist wohl das eigene, einfache Weltbild, dass durch andere Lebensentwürfe, Kulturen und Meinungen in Frage gestellt ist.

5. Autoritarismus und Konservativismus

Die Extremismusforschung unterscheidet verschiedene gesellschaftliche Milieus.[16] Autoritäre Gesinnung findet sich demnach v. a. in den drei autoritär-antidemokratischen Milieus. Elemente davon gibt es jedoch auch im sogenannten konformen Milieu, dem Menschen mit vorrangig konservativen Einstellungen zugeordnet werden. Trotz dieser Überschneidungen ist Konservativismus vom Autoritarismus zu unterscheiden. Ein wichtiges Unterscheidungskriterium ist die Akzeptanz von Gewalt, die im konformen Milieu kaum gegeben ist. Vor allem aber unterscheiden sie sich im Bekenntnis zu demokratischen Grundwerten und Institutionen.

Adenauers berühmte Radioansprache vom Oktober 1950 spricht von der Wahl zwischen Sklaverei und Freiheit. Als Sklaverei gelten ihm der Nationalsozialismus der Vergangenheit und der Sozialismus, der nicht die Zukunft Deutschlands bestimmen solle. Beiden gegenüber bekennt sich Adenauer zur Freiheit. Sieht man an dieser Stelle davon ab, dass die Abgrenzung vom Nationalsozialismus in jener Zeit vor allem Verdrängung bedeutete und kaum Aufarbeitung, ist das Bekenntnis Adenauers programmatisch: Das konservative Denken damals und heute ist den Werten der Aufklärung, allen voran der Freiheit, verpflichtet. Historisch war das konservative Milieu in Kirche und Gesellschaft zwar immer wieder um Abgrenzungen vom Liberalismus bemüht, und die Affinität zum Autoritarismus in manchen konservativen Kreisen mag hier begründet liegen, doch zur grundlegenden Idee der liberalen Theorien, der menschlichen Freiheit, muss sich konservatives Denken heute ebenso bekennen wie zur Annahme der fundamentalen Gleichheit und Würde aller Menschen und der Idee der Universalität. Diese Kriterien können daher der Unterscheidung von Konservativismus und Autoritarismus dienen.

Selbstkritisch müssen sich Konservative, auch und v. a. Christen, jedoch immer wieder fragen, ob oder wo sie die Abgrenzungen verwischen – wenn etwa die Bewahrung des „Eigenen" ein Identitätsverständnis fördert, das den Einzelnen der kollektiven Identität unterordnet, wenn die Richtigkeit des „bewährten Eigenen" nur noch behauptet, aber nicht mehr geprüft wird, oder wenn man dem Bedürfnis nach einem klaren Weltbild durch Vereinfachung und Polarisierung entgegenkommen zu müssen glaubt.

6. Schluss

Autoritarismus-Studien zeigen die Anfälligkeit von Menschen mit schwach ausgeprägter Ich-Identität für autoritäres Denken. Die Antwort darauf kann nicht sein, die Schwäche zu verstetigen, sondern die Menschen zu stärken – durch einfühlsames Ernstnehmen einerseits und Beharren auf Vernunft und Aufklärung andererseits. Für die Religion, hier v. a. für die katholische Kirche, stellt sich angesichts der Verunsicherung von Menschen die Herausforderung, ihnen Halt in der Gemeinschaft zu geben, sie dabei aber gleichzeitig stets als freie und mündige Menschen in ihrer Verschiedenheit ernst zu nehmen und Gestaltungsräume individueller Freiheit zu eröffnen. Es ist eine der zentralen Aufgaben von Kirche heute, in diesem Sinne Gemeinschaft erfahrbar zu machen.

Manche Verunsicherung hat ökonomische Gründe. Begründete Furcht vor Arbeitslosigkeit und sozialem Abstieg kann nur eine Politik nehmen, die auf soziale Gerechtigkeit zielt – national, in Europa, aber auch weltweit. Für sie gilt es sich einzusetzen. Diffusen Ängste hingegen ist schwer etwas entgegenzuhalten. Sie können am ehesten durch Begegnung aufgefangen werden. Sie zu ermöglichen und zu gestalten ist eine Herausforderung nicht nur für kirchliche pastorale Mitarbeiterinnen und Mitarbeiter, sondern für alle von Hoffnung getragenen Christinnen und Christen.

„Make America Great Again" – Rechtspopulismus in den USA

Hille Haker

Seit der Wahl von Donald Trump zum Präsidenten der USA sind die gewalttätigen Übergriffe gegen Minderheiten von Seiten weißer Extremisten massiv angestiegen; nicht nur leben die sogenannten Einwandererfamilien ohne Aufenthaltserlaubnis in ständiger Angst vor der Grenzpolizei, die eine neue Welle von Verhaftungen und Abschiebungen begonnen hat, auch alle nichtchristlichen religiösen Gruppen, vor allem Muslime, leiden unter Diffamierungen, Drohungen und sogar Anschlägen. Das Einwanderungsverbot für Personen aus bestimmten, vorwiegend muslimischen Ländern war zwar von verschiedenen Bundesgerichten gestoppt worden, aber inzwischen wurde es teilweise vom Obersten Verfassungsgericht bestätigt. Das Southern Poverty Law Center berichtet jeden Tag von Übergriffen; in der Mehrzahl richten sich diese gegen Migranten, Schwarze und Muslime.[1]

Nicht zuletzt werden inzwischen auch in den USA Journalisten, beflügelt von den demagogischen „fake news"-Angriffen des Präsidenten, offen mit Hassangriffen überzogen. Ohne den Rassismus, der die Geschichte der USA bis heute durchzieht, ist die von Trump befeuerte populistische Bewegung kaum zu verstehen. Auch wenn nicht jeder Trump-Wähler die politische Orientierung des Rechtsextremismus teilt, so hat Trump doch gerade die extremen Gruppierungen wie ein Magnet an sich gezogen, ohne sich je von ihnen zu distanzieren. Diese Überlappung von radikalen und moderaten Kräften in den populistischen Bewegungen kennen wir auch aus anderen Ländern. Sie führt dazu, dass die Bewegungen über die Zeit radikaler agieren, gleichzeitig aber die Öffentlichkeit damit zu beschwichtigen suchen, dass der Rechtsradikalismus ja nicht die Mehrheit der Bewegung repräsentiere.

1. Populismus und Moral

Mit Jan-Werner Müller[2] setze ich in meinem Beitrag voraus, dass jede populistische (und de facto: jede politische) Bewegung von einer politisch-ethischen Vision durchzogen ist, die an bestimmte Werte appelliert. Diese Vision bestimmt nicht nur die Identitäten der Anhänger, sondern sie setzt zugleich Normen, die das kollektive Handeln orientieren sollen. Meine These lautet: Eine bestimmte Lesart christlicher Werte, die von einem Teil sowohl der protestantischen als auch der katholischen Christen und Christinnen in den USA vertreten wird, hat die populistische Bewegung um Trump zwar nicht hervorgebracht, wohl aber ethisch und politisch normalisiert. Ohne die Unterstützung der christlichen Gruppierungen hätte Donald Trump sich nicht durchsetzen können, und dies muss Anlass für eine kritische Selbstreflexion sein. Populismustheorie muss meines Erachtens diese theologisch-kirchliche Dimension sehr viel stärker berücksichtigen, als dies bisher der Fall ist.

Das in den populistischen Bewegungen beschworene „Volk“ meint nicht notwendig die Mehrheit, sondern nur die moralisch relevante, häufig als homogen charakterisierte Gruppe innerhalb einer Gesellschaft. In den USA ist diese Gruppe heute einmal mehr die „schweigende, vergessene

Mehrheit" – ein Codewort für diejenigen weißen Amerikaner, an die sich in der Geschichte der USA Politiker meistens dann erinnert haben, wenn die ärmeren Weißen sich mit den noch ärmeren Minderheiten zu solidarisieren begannen.[3] Dieses „Volk" bedeutet also von vorneherein nicht „alle Amerikaner". Bezeichnenderweise gehören Trumps Anhänger keineswegs zu den „Ärmsten der Armen" – diese finden sich in den USA nämlich vor allem in der schwarzen und hispanischen Minderheitengruppe, die in der überwiegenden Mehrheit gerade nicht Donald Trump gewählt hat. Die „schweigende Mehrheit" ist deshalb ein kodierter Begriff für das „weiße" Amerika. Er verzerrt die sozio-ökonomischen Realitäten insofern, als er die weiße Arbeiter- und Bauernschicht – Fabrikarbeiter, Bergmänner der Kohlewerke oder die Bauern der ländlichen Regionen im Mittleren Westen oder in den Südstaaten – als die eigentlichen Opfer der gegenwärtigen Wirtschafts- und Gesellschaftsordnung hinstellt.

Neuere Analysen zeigen nun aber, dass Rassismus und Fremdenfeindlichkeit, die den neuen Populismus – insbesondere die Tea Party Bewegung, die sich seit 2009 formierte – begleiten, nicht *Folge* ökonomischer Verarmung und struktureller Vernachlässigung sind, sondern vielmehr des Verlusts sozialer Überlegenheit. In den USA geht mit der weißen Hautfarbe unweigerlich ein struktureller privilegierter Status einher, weil „Weiße" nicht der gleichen Diskriminierung ausgesetzt sind wie andere ethnische Gruppen und Minderheiten. *Zusammen* mit der akuten ökonomischen Rezession seit 2008 nährt dieses Gefühl der Bedrohung der Privilegien eine bestimmte Identitätspolitik. Dass die kulturelle und religiöse „weiße, amerikanische Identität" nur noch als eine mögliche unter anderen Identitätsformen betrachtet wird und dieser Gruppe damit die Definitionsmacht entzogen wird, wofür „Amerika" moralisch und religiös steht, wurde von rechtslastigen republikanischen Politikern, einflussreichen Geldgebern wie den Koch Brothers oder Robert Mercer sowie von Rupert Murdochs Mediengruppe befeuert und in eine bestimmte Richtung gelenkt. Studien zeigen, dass die Empörung über den Aufstieg anderer gesellschaftlicher Gruppen nicht notwendig mit dem eigenen *Abstieg* zu tun hat, sondern vielmehr damit, dass insbesondere die Maßnahmen zur Gleichstellung der schwarzen Minderheit und die geplante Legalisierung der Immigranten ohne Aufenthaltsrecht als *unverdient* und daher ungerecht betrachtet werden.[4]

Der Populist Donald Trump stolperte zur Überraschung vieler nicht über seine wirtschaftlichen und persönlichen Skandale, die während des Wahlkampfes 2016 publik wurden. Im Gegenteil: Mehr als 80 % der Protestanten und mehr als 50 % der Katholiken wählten Donald Trump. Nicht nur sie, sondern alle Trump-Wähler und -Wählerinnen waren offensichtlich bereit, seine charakterlichen und professionellen Defizite, die öffentlich breit diskutiert wurden, hinter andere Prioritäten zurückzustellen.

2. „White Backlash" – „Die Weißen schlagen zurück"

Donald Trump ist eine Reaktion auf einen Mythos, den das liberale Amerika der Demokratischen Partei seit der Wahl des ersten schwarzen Präsidenten nur allzu gerne beschwor: Mit Präsident Obama, so dieser Mythos, hätten die USA endgültig bewiesen, dass der „Amerikanische Traum" von den Aufstiegsmöglichkeiten aller wahr sei, und zwar nicht nur für weiße Bürger (sic!), sondern auch für die schwarze Minderheit. Die politische Reaktion auf den schwarzen Präsidenten Obama folgte jedoch bereits 2009, in Form der Republikanischen Tea Party Bewegung. Ihre Anhänger sehen sich, teilweise durchaus zu Recht, seit Jahrzehnten vom sozialen Aufstieg abgehängt, weil die Lohnentwicklung und die Gewinnentwicklung der Unternehmen auseinanderdriften. Und richtig ist auch, dass die Arbeitskraft der „blue collar“ Arbeiter im gegenwärtigen ökonomischen Transformationsprozess der Globalisierung und Automatisierung, aber auch in der Transformation von den traditionellen Energiequellen Kohle, Öl und Gas hin zu regenerativen Energien immer weniger gebraucht wird.

Die Tea Party verlieh vor allem den männlichen weißen Arbeitern einen geradezu mythischen Opferstatus, während ihre Frauen vor allem als Mütter gefeiert wurden; diese Gruppe folgte Obamas politischen Entscheidungen wie ein Schatten, und es gelang weder dem Präsidenten noch der Demokratischen Partei, sie durch Obamas kontinuierliche Erfolge in der Arbeitsmarkt- oder Gesundheitspolitik davon zu überzeugen, dass ein schwarzer Präsident auch diese Gruppe der Amerikaner repräsentierte. Denn die (vermeintlich „vergessene“) soziale Benachteiligung der weißen Arbeiter und unteren Mittelschicht, ihre gesellschaftliche Unsichtbarkeit oder Marginalisierung und ihre fehlende soziale Anerkennung schien durch jede Maßnahme verstärkt zu werden, die die „Ärmsten“ der Gesellschaft besserstellen sollte – und zwar unabhängig davon, ob die „weißen Armen“ genauso davon profitierten.

Die Botschaft der Tea Party Bewegung war von Beginn an nicht nur libertär, sondern auch rassistisch: Die Sozialprogramme der letzten Jahrzehnte, so sagten ihre Anhänger, haben vor allem die Aufstiegsmöglichkeiten der ethnischen Minderheiten, vor allem der schwarzen Bevölkerung, verbessert, aber dabei hat Obama den Leistungsgedanken der amerikanischen Kultur verraten. Sozialhilfe, Krankenversicherung oder Bildungsprogramme, die vom Bund angestoßen wurden, seien gerade *kein* Bestandteil eines von allen getragenen Gesellschaftsvertrags, sondern im Gegenteil, sie beflügelten einzig die gesellschaftszersetzende Ideologie eines Wohlfahrtsstaats, der individuelle Verantwortung kleinschreibt. Liberale Politiker, so beteuerten die Wortführer der Tea Party, haben ein großes Interesse daran, die Minderheiten und sozial Schwachen von den Wohlfahrtsleistungen des Staates abhängig zu machen und sich so ihre Zustimmung und Wahlstimme zu sichern. Die weißen Männer und ihre Familien wollten demgegenüber gerade nicht von staatlichen Leistungen abhängig sein. Sie seien vielmehr stolz darauf, ihr Geld „ehrlich" zu verdienen, nichts vom Staat zu verlangen und sich ihren Wohlstand oder ihr (bescheidenes) Auskommen selbst zu erarbeiten. Vor allem die weißen Christen in dieser Schicht verkörpern eine (protestantische) Arbeitsmoral, die allerdings real vor allem den Reichen hilft und von ihnen instrumentalisiert wird. Mit Donald Trump bekam die „schweigende Mehrheit" ein mächtiges Sprachrohr. Trump malte mit seiner populistischen Rhetorik das Bild einer untergehenden Supermacht, deren ursprüngliche Identität einzig er wiederherstellen könne.

Donald Trump begann seine politische Karriere mit dem Hassfeldzug gegen Barack Obama, der „Birther" Bewegung, die Obamas Legitimität aufgrund seines vermeintlichen kenianischen Geburtsorts (und seiner vermeintlichen Religionszugehörigkeit zum Islam) in Frage stellte; 70 % der registrierten Republikaner glaubten im August 2016 noch immer nicht, dass er ein US-Bürger und daher legitimer Präsident sei – und zwar unabhängig von ihrem Bildungsniveau,[5] und bis heute glauben knapp 40 % der Amerikaner, dass Barack Obama Muslim ist (er ist Protestant).[6] Aber nicht nur das: Es dauerte bis zwei Monate vor der Wahl 2016, ehe Trump öffentlich zugab, Obama sei in der

Tat Amerikaner, nicht ohne hinzuzufügen, nicht er, sondern Hillary Clinton habe zuerst die Zweifel an Obamas Herkunft gesät.

Dass ausgerechnet Hillary Clinton, die Frau, die für nichts mehr als das liberale, feministische, aber eben auch elitäre und „etablierte" Amerika steht, die demokratische Kandidatin für die Präsidentschaft wurde – dies brachte das Fass für die weiße, patriarchale „schweigende Mehrheit" bzw. ihre Wortführer zum Überlaufen. Hillary Clinton, so scheint es im Nachhinein, musste um jeden Preis verhindert werden.

3. Populismus, Sexismus und Rassismus

Feminismus bzw. ein liberales Familienbild und religiöse Vielfalt, die als Religionsfreiheit gefeiert wird, lösen in den USA Ressentiments aus, die den immer noch schwelenden Rassismus gegenüber schwarzen Amerikanern überlagern bzw. diesen noch verstärken. Heute reichen die Ressentiments gegen die so genannte Auflösung der Geschlechterordnung bis tief in die christlichen Gruppierungen hinein, und sie werden seit Jahrzehnten auch in der katholischen Kirche in den Mittelpunkt ihrer Kulturkritik gestellt. Die christlichen Kirchen leisten erbitterten Widerstand gegen das gesetzlich verankerte Recht von Frauen auf Zulassung zu reproduktiven Gesundheitsleistungen, die auch den Zugang zur Geburtenkontrolle und zum Schwangerschaftsabbruch einschließen. Darüber hinaus sind es vor allem die gesetzlichen Reformen in Bezug auf die Gleichstellung von homosexuellen Paaren und alle Varianten der Geschlechterpolitik, die die konservativen Bewegungen auf den Plan rufen. Obamas Gesundheitsreform verpflichtete Versicherungen zur Kostenübernahme von Kontrazeptiva und allen reproduktiven Gesundheitsleistungen, und sie verbot die Ungleichbehandlungen von Frauen bei den Versicherungsprämien. Unter Obama wurden gleichgeschlechtliche Ehen gesetzlich verankert und vom Obersten Gerichtshof als rechtmäßig bestätigt. Insgesamt wurden die Rechte sexueller Minderheiten unter Obama gestärkt. Christliche Wortführer in der Tea Party formierten sich als Bewegung zur *Wiederherstellung* der Religionsfreiheit, die zu einem Code-Wort für die Rückkehr zu traditionellen christlichen Werten geworden ist.

In den Analysen zur Präsidentschaftswahl wird häufig gesagt, dass ein einziges Thema die moralische Debatte beherrscht habe, und dies sei Trumps bzw. Clintons Haltung zum Schwangerschaftsabbruch gewesen. Der Schwangerschaftsabbruch, so scheint es mir, steht aber nur pars pro toto für den tiefgreifenden Kulturkampf zwischen dem konservativen und liberalen Amerika. Aus Sicht der theologisch aufgeladenen politischen Bewegung um die Tea Party und, wenn auch nur zögerlich und womöglich aus politischem Kalkül heraus, aus Sicht von Donald Trump schützen die „wahren" Verteidiger der christlichen Werte auch das unscheinbarste menschliche Lebewesen („pro life"), während das liberale Amerika buchstäblich bereit ist, Menschenleben für die eigene Freiheit („pro choice") zu opfern.

Im Hintergrund der antiliberalen und antidemokratischen Bewegung steht jedoch eine Ideologie, die auf der Überlegenheit des weißen, amerikanischen Mannes basiert, der privat für die individuelle Moral sowie öffentlich für Recht und Ordnung sorgt. Trumps häufig zur Schau gestellte sexualisierte Männlichkeit einerseits und seine Identität als rücksichtsloser, durchsetzungsstarker „weißer Mann", der gerade nicht geschliffen und „intellektuell", sondern emotional und „intuitiv" redet und handelt, machten ihn zum Symbol einer „natürlichen“ „weißen“ Männlichkeit, der gegenüber die intellektuelle, feministische und liberale Hillary Clinton geradezu lächerlich wirken musste. Entsprechend polemisch und demütigend fielen auch die Wahlkampfparolen des Teams von Trump aus, und sie wurden begeistert von seinen Fans gefeiert. Es ist kein Zufall, dass die womöglich größte Demonstration nach der Amtseinführung im Januar vom Thema der Frauenrechte angestoßen wurde. Es ist ein großer Fehler, den Sexismus in den meisten gegenwärtigen populistischen Bewegungen zu unterschätzen. Und die Rolle der christlichen Kirchen in diesem Diskurs und bei der Normalisierung des Populismus wirft ein grelles Licht auf ihre Komplizenschaft mit der Trump-Ideologie, der sie sich kampflos unterworfen haben. Weil die Bedrohung der traditionellen Wertvorstellungen und Sitten, einschließlich der religiösen Werte in Sachen Familien- und Geschlechterordnung sowie der Sexualmoral, von den Kirchen sehr viel mehr ins Zentrum gerückt wurde als etwa die Gefährdung der Demokratie durch den Populismus, werden die christlichen Kirchen in den USA mit der Position des Schutzes ungeborenen Lebens und der Aufrechterhaltung der Geschlechterordnung sowie der Verteidigung der „Religionsfreiheit“, die politische Ausnahmen von der Reformpolitik verlangt, stärker verbunden als mit allen anderen sozialethischen Themen.

4. Fremde im eigenen Land?

In einer auch in Europa verbreiteten Verkehrung des Religionspluralismus und der Religionsfreiheit, die doch zu den großen Errungenschaften der amerikanischen Kultur *und* der christlichen Theologie gehören, sehen sich vor allem konservative christliche Gruppen von der Politik des Multikulturalismus bedroht. Seit den 1990er Jahren steht die Mehrheit der US-Amerikaner für Toleranz gegenüber „anderen“ Kulturen und Religionen, die als Werthaltung einer sich wandelnden Gesellschaft gefeiert wird. Die konservativen Gruppierungen betrachten diese Werte jedoch als impliziten Angriff auf ihre Identität und als Aufforderung, von ihrer Identität abzurücken und „Platz“ für „andere“ zu machen. „Make America great again“ liest sich vor diesem Hintergrund auch als Botschaft, die christliche und traditionell weiße, patriarchale Kultur gegenüber den Feinden einer religiös fundierten Werteordnung und den Feinden der traditionellen Geschlechter-, Klassen- und Rassenordnung zu verteidigen. Donald Trump, dem es gelang, sich zur Symbolfigur des „weißen Amerikaners“ aufzuschwingen, stemmt sich gegen den Multikulturalismus genauso wie gegen die Multireligiosität; aber es geht weniger um die „anderen“, als vielmehr um die Erosion oder Bedrohung der (angloamerikanischen) „christlichen Werte“, mit denen er seine Wähler überzeugen konnte.

Rechtsgerichtete Gruppierungen, die zum Teil antisemitisch, zum Teil antiislamisch orientiert sind, reagieren auf den Wertewandel mit der Inszenierung eines Kultur- und Religionskonflikts. Trump begann seinen Wahlkampf mit xenophoben Äußerungen gegenüber Einwanderern, die er pauschal als gefährlich hinstellte. Die in Obamas zweiter Amtszeit geplante Einwanderungsreform, die die ca. 11 Millionen Einwanderer legalisieren sollte, traf trotz anfänglicher Zustimmung im Kongress auf den erbitterten Widerstand der rechten Gruppierungen. In den ersten 100 Tagen der Trump-Regierung sind die Verhaftungen von Immigranten um fast 40 % angestiegen, in absoluten Zahlen gesprochen handelt es sich um über 40.000 Menschen.[7]

Die „vergessenen Amerikaner“, besonders in den Südstaaten, so legt es ihnen Arlie Hochschildt zumindest in den

Mund, sehen sich zunehmend als Fremde in ihrem eigenen Land.[8] Trumps erfolgreiche Wahlkampagne hat zu einem neuen Selbstbewusstsein seiner Anhänger geführt, die sich nun geradezu stolz die „deplorables" oder „Beklagenswerten" nennen und selbstverständlich an ihrem Präsidenten festhalten – sowenig im Wahlkampf seine Eignung zur politischen Führung der Supermacht der USA zählte, sowenig zählen heute seine desaströsen nationalen und internationalen Entscheidungen. Was zählt, ist die Politik des starken Mannes, der für Recht und Ordnung steht und alle, die mit seiner Politik ein Problem haben, des Realitätsverlusts bezichtigt. Nicht zuletzt wegen der Zustimmung einer immer noch großen Minderheit der amerikanischen Bevölkerung und der Republikanischen Partei kann Trump seine Wahlkampfversprechen auf den Weg bringen. Mit der absichtsvollen, massiven Aushöhlung der politischen Institutionen bietet Trump das Schauspiel eines vollendeten Simulacrums der Demokratie, der er bisher sowieso nicht besonderen Respekt zollte.

5. Herausforderungen für die christlichen Kirchen und die Theologische Ethik

Vier Herausforderungen, auf die die christlichen Kirchen angesichts der populistischen Bewegung in den USA eine Antwort finden müssen, will ich benennen:

Erstens ist der strukturelle Rassismus, der seine Wurzeln im Kolonialismus hat und den Jim Wallis die „Erbsünde der USA" nennt,[9] aufzuarbeiten und vor allem *anzuerkennen*. Die christlichen Kirchen haben entweder viel zu lange zu den Problemen von Diskriminierung, struktureller Armut und mangelnder Toleranz geschwiegen – oder aber sie haben nach wie vor einen großen Anteil an der Konstruktion der weißen, christlichen Identitätspolitik. Ob sie dazu in der Lage oder willens sind, wird nicht zuletzt auch über ihre eigene historische Rolle entscheiden.

Zweitens muss sich die christliche Theologie und vor allem auch die katholische Kirche Kritik an ihrer Blindheit in Sachen Sexismus und patriarchaler Geschlechtertheorie gefallen lassen. Solange die katholische Kirche, für die ich hier vor allem spreche, in allen entscheidenden Ämtern eine Kirche von Männern ist, kann sie kaum glaubwürdig die Stimme gegen eine autoritäre Herrschaftsmoral, wie sie im amerikanischen – und zum Teil auch im europäischen – Populismus vertreten wird, erheben. Es ist an der Zeit, dass die katholische Kirche die Prinzipien der Soziallehre und Sozialethik auf sich selbst anwendet.

Drittens muss sich die Kirche aber auch Kritik an ihrer Immunisierung gegen jede Diskussion der Sexualethik gefallen lassen. Dass die christlichen Kirchen den amerikanischen Populismus normalisieren konnten, liegt an der überraschend weitgehenden Übereinstimmung ihrer Sexual- und Geschlechtermoral mit dem Populisten Trump. Wie die Partei der Republikaner sehen christliche Kirchen Trump als Mittel zum Zweck, und sie sind bereit, *seine* Prioritäten mitzutragen, wenn er dafür *ihre* Prioritäten in Sachen „Religionsfreiheit“, die vor allem die Sexual- und Geschlechterethik betreffen, durchsetzt. Die Auseinandersetzung um die Sexual-, Geschlechter- und Familienethik muss neu begonnen werden, wenn eine Antwort auf die hinter der populistischen Politik stehende Moral gefunden werden soll. Erst ein radikaler Wandel dieser theologisch-ethisch lange kritisierten Morallehre wird dazu führen können, dass die sexuelle Gewalt insbesondere gegenüber Frauen und die Diskriminierung von sexuellen Minderheiten in den Mittelpunkt der christlichen normativen Ethik gerückt wird.

Viertens: Die christlichen Kirchen müssen Stellung beziehen und deutlich machen, dass Rassismus, Sexismus und Fremdenfeindlichkeit, die Intoleranz gegenüber nichtchristlichen Religionen einschließt, unvereinbar mit der christlichen Botschaft sind. Sie werden dies aber nur tun können, wenn sie willens und in der Lage sind, die eigene Komplizenschaft zu erkennen, die sich im Verschweigen und in der geringen Aufmerksamkeit für die sozialethischen Themen oder auch in der Politisierung der Religionsfreiheit, die Trump sich inzwischen zunutze gemacht hat, manifestiert.

Angesichts der Angriffe auf die Würde und die Rechte von einzelnen Personen und Minderheitengruppen muss die Theologische Ethik auch selbst Position beziehen. Sie muss die Tradition des gewaltlosen zivilen Ungehorsams in Erinnerung rufen, die immer schon Bestandteil des christlichen Glaubens gewesen ist. Sie für die heutige Situation zu interpretieren, ist ein Gebot der Stunde. Die biblischen Propheten haben das Ende einer zerstörerischen und ungerechten Gesellschaftsordnung angekündigt, ohne je die Möglichkeit der Umkehr auszuschließen. *Widerstand gegen* die derzeitige Politik und die globale politische Ordnung verbindet das Christentum mit denjenigen Bewegungen, welche Ungerechtigkeiten konkret aufzeigen und an Lösungen arbeiten – dies gilt für die Militarisierung, die Masseninhaftierungen oder die Behandlung von Flüchtlingen genauso wie für die desaströse Klimapolitik.[10] Theologische Ethik beschreibt den Widerstand gegen Ungerechtigkeit als *Zeugenschaft für* den christlichen Glauben, der diejenigen sichtbar macht, die den Preis für eine Gesellschaftsordnung zahlen, welche ihnen ein Leben in Würde verweigert, während andere ihre vermeintlich „natürlichen“ Privilegien verteidigen. Widerstand und Zeugenschaft, die zugleich Anwaltschaft ist, sind das Zentrum der prophetischen Ethik; sie ist in ihrem Kern auf die

Vision des Gottesreiches festgelegt, das jede Identitätspolitik übersteigt. Die christliche politische Ethik kann gewiss keiner nationalistischen, exklusiven Politik eines einzigen „Volkes“ das Wort reden. Das Christentum steht im Gegenteil für eine universalistische Ethik und für die Überzeugung, dass Menschen und Gruppen, die ganz unterschiedliche Sprachen sprechen, sich „im Geiste“ auf ein friedliches Zusammenleben verständigen *können.*

Wenn es heute einer grundsätzlichen Neuordnung der politischen Institutionen und einer Neuausrichtung der Demokratie bedarf, ist ein nationalistischer und letztlich rassistischer Populismus sicher das letzte, was gebraucht wird. Dass er für viele verlockend ist, liegt nicht zuletzt an der Projektion der eigenen Wünsche auf Anführer und ihre falschen Propheten. Sie sagen: Seht her, wir machen unser Land wieder groß und mächtig. Es liegt aber auch an der Schwäche einer anderen Vision für die Zukunft, die weder Rassismus noch Sexismus noch die Freiheit der eigenen Religion auf Kosten anderer für das eigene Wohlergehen benötigt. Theologische Ethik ist eine prinzipiengeleitete Ethik, die *zugleich* eine Ethik der Verantwortung ist, weil sie darauf beharrt, dass sich der einzelne anderen gegenüber genauso verpflichtet weiß wie der eigenen Freiheit.

Differenzen kommunizieren

Das Aufbrechen von Stereotypen

Lernerfahrungen aus der Geschichte des jüdisch-christlichen Gesprächs

Christian Staffa

Die Lernerfahrungen aus dem jüdisch-christlichen Gespräch im Zusammenhang einer Auseinandersetzung mit Populismus zu bedenken, mag zunächst befremdlich scheinen. Wenn wir uns aber das bekannte beleuchtete, mit einer Deutschlandfahne umwickelte Kreuz einer Pegida-Demonstration in Dresden vor Augen führen, verbunden mit dem im AfD-Parteiprogramm niedergelegten Anspruch, das christliche Abendland zu verteidigen, dann spüren wir da etwas von dem alten christlichen Triumphalismus, dem zu widerstehen das jüdisch-christliche Gespräch ausgezogen war. „Christlicher" Populismus und Triumphalismus ist allerdings nicht nur an den Rändern der Kirchen zu Hause, sondern reicht in die Mitte selbst noch der säkularen Gesellschaft.

Deshalb ehrt es mich, an dieser Stelle einiges an Impulsen aus dem jüdisch-christlichen Gespräch in die Diskussion einbringen zu dürfen. Dabei ist anzumerken, dass der Fokus meiner Beschäftigung in den letzten Jahrzehnten theologisch wie kirchenpolitisch überwiegend der deutsche Protestantismus ist. Das bedeutet sicher eine Differenz zur Auseinandersetzung in der katholischen Kirche, die mit *Nostra aetate* als Weltkirche einen unverrückbaren und vorwärtsweisenden Eintrag zur Anerkennung von Schuldgeschichte gegenüber dem Judentum und zum Neubeginn einer Theologie ohne

Abwertung jüdischer Existenz vor Mensch und Gott zu verzeichnen hat. Protestantisch auf Deutschland bezogen darf als vergleichbar und gleichsam konkretisiert die Erklärung der Rheinischen Synode von 1980 gelten. Damit ist vielleicht das geschehen, was Hans-Hermann Henrix als Anstoß für die Kirchen der Reformation durch *Nostra aetate* bezeichnet hat. Dabei ist an dieser Stelle vielleicht wichtig festzuhalten, dass beide Kirchen einen Läuterungs- und Umkehrprozess in ihren Beziehungen zum Judentum (und damit zu sich selbst) begonnen haben, der längst noch nicht abgeschlossen ist.

Die Frage, die dabei immer noch zu wenig diskutiert ist, lautet: Warum und an welchen Stellen sind der Hass und die Geringschätzung gegenüber dem Judentum mit welcher Funktion für die Hassenden oder Mitlaufenden ausgebrochen? Wie können sich heilsgeschichtlich so unlogische Vorwürfe durchsetzen wie der des Gottesmordes, geschah der Tod Jesu doch uns zum Heil, oder des Verrates durch Judas, der den stadtbekannten Jesus küsste, um ihn den römischen Schergen gegenüber zu „enttarnen"? Fing da schon das postfaktische Zeitalter an? Derartige Vorwürfe gibt es noch mehr und alle scheinen sie verknüpft mit einem eigenen Unvermögen, wirklich sich als Befreite in Christo zu glauben, dem hehren Satz zu folgen, nicht zu sehen und doch zu glauben, gar noch die eigene Erlöstheit. Weist uns das auf ein Geheimnis auch des Populismus? Welche eigenen Abgründe oder gar Wünsche werden da mit dem Finger auf die je anderen zeigend – Muslime, Homosexuelle oder „Nicht-Familien" – bearbeitet? Der Blick auf die Lernerfahrungen im jüdisch-christlichen Gespräch mag da etwas austragen. Dabei steht für diesen komplexen Sachverhalt nur wenig Raum zur Verfügung, so dass meine knappen Ausführungen zu Kernthemen des jüdisch-christlichen Gesprächs auf Ihre Fantasie angewiesen sind; aber was nicht?

1. Verantwortungsübernahme

Die Voraussetzung des jüdisch-christlichen Gespräches nach 1945 war auf kirchlicher Seite zunächst die Verantwortungsübernahme für die mörderischen Folgen des christlichen Antisemitismus im Nationalsozialismus durch eine verschwindend kleine Minderheit. Vielleicht hat Martin Niemöller, der interessanterweise kein großer Protagonist des jüdisch-christlichen Gesprächs war, das dennoch für das Gesamtversagen der Kirchen am umfassendsten beschrieben. „Es handelt sich eben nicht darum, dass wir als Kirche in der Vergangenheit dies und das falsch gemacht haben, es handelt sich nicht um Fehler, sondern wir haben grundsätzlich das uns aufgetragene Amt in Ungehorsam versäumt und sind damit schuldig geworden."[1] Leider meinte Niemöller das nicht auf den protestantischen Antisemitismus gemünzt, aber es trifft da genau zu. Es war das grundsätzliche Versagen der Kirchen, um das es ging, gerade und besonders beim Mord an den Juden.

Die christlichen Teilnehmenden des Gesprächs waren dann auch allesamt Menschen, die, wohl weil sie in der NS-Zeit Widerstand geleistet hatten, empfindsam dafür waren, was alles nicht geschehen war, auch von ihnen. Auf jüdischer Seite waren es zum einen Erfahrungen des Humanen auch in mörderischen Zeiten, gleichzeitig die Hoffnung, das humanistische Erbe in der deutschen Kultur wieder zu beleben, von dem sie selber so erfüllt waren, zum dritten die Hoffnung, dass mit einem kirchlichen Umkehrprozess auch gesellschaftlich Antisemitismus sich bekämpfen lasse. Beide Seiten hatten also Motive, deren tiefer Grund eine enge Bindung von Emotionalität und Intellektualität darstellte.

Diese Verantwortungsübernahme führte zu einem tieferen Lernprozess, der sich nun auf die gesamte Kirchengeschichte erstreckte mit der Frage, was denn im Christentum diesen abgrundtiefen Hass, bzw. diese völlige Unberührtheit, die Feindschaft oder die Kälte hat entstehen lassen. Das führte zunächst zu einer neuen Exegese, die das Jude-Sein Jesu und Pauli ernst nahm, *Röm 9–11* entdeckte und damit die unverbrüchlichen Zusagen Gottes an Israel, die der alten Substitutionstheologie einen Riegel vorschoben. Hernach richtete sich die Aufmerksamkeit auf die Kirchengeschichte und im Protestantismus insbesondere auf die reformatorische Theologie und ihren expliziten Judenhass, wie auch die antijüdischen Implikationen ihrer Grundzüge oder Ausprägungen, wie Gesetzesfeindschaft und Spiritualisierungs- und Individualisierungstendenzen. Dieser Prozess ist mit dem 500. Jahrestag der Reformation relativ weit entwickelt, aber es gibt weiterhin großen Arbeits- und Denkbedarf zu der Frage, was denn die Einfallstore für diese abgründige Negativität waren und sind. Dieses nicht als spezifisch deutschen „Spleen“ anzusehen, wie es nicht selten in der Ökumene geschieht, bleibt Aufgabe bewusster Christenmenschen.

Diese auch gegenwärtige Verantwortungsübernahme bei gleichzeitiger Zurückweisung, dass die Bearbeitung des Antisemitismus christlich und säkular eine deutsche Sonderaufgabe sei, scheint mir auch im Umgang mit Populismus zentral. Nicht umsonst gibt es von Pegida, AfD und vielen anderen in der Mitte der Gesellschaft sich zuhause fühlenden Menschen die Ansicht, dass die christliche und deutsche Gewaltgeschichte in ihrer Bedeutung für heute endlich nicht mehr diskutiert werden sollte.

2. Wandelbarkeit, oder die Erkenntnis, dass das Eigene sich wandelt im Zugehen und Zuhören auf den/die Anderen

Eine weitere Grunderkenntnis aus dem Gespräch ist bei aller auch unzulässigen Pauschalierung – denn wir sprechen hier über sehr individuelle und biographisch verankerte und motivierte Lernwege –, dass sich die eigene Theologie, der eigene Glaube im Dialog verändert. Am ehesten, weil dort am meisten Bedarf besteht, gilt dies für die christliche Seite. So stellt(e) es eine ungeheure Zumutung dar, das Christentum ohne Absolutheits- und doch mit Wahrheitsanspruch zu denken. Neu, wenn auch in Anknüpfung an alte Traditionen entstand das Verschränken dieses demütigen Zugangs mit der materiellen und politischen Seite der biblischen Botschaft, die sich protestantischerseits erst mit der Wahrnehmung eines positiven Gesetzesbegriffes und gesamtkirchlich mit der Inkorporation der herrschaftskritischen Seite jüdischer Tradition, von der das Neue Testament ein Teil ist, erschließt. In beiden angesprochenen Themen- und Praxisfeldern sind Wege begonnen, aber noch nicht abgeschritten. Wichtig war und ist für den Lernprozess die biblische, aber in kirchlicher Tradition stark verschüttete Erkenntnis, dass der/das Gekommene nicht der/das Kommende ist, und damit die Hoffnung auf einen neuen Himmel und eine neue Erde nicht vergeblich ist und für uns aus den Völkern sich erschließt über den Aufbruch gegen den Tod in Christus Jesus. Auf jüdischer Seite gab es aus zunächst naheliegenden historischen Gründen und dem nicht Angewiesensein auf die christliche Botschaft als Voraussetzung für die eigene Glaubens- und Lebenspraxis weniger fundamentale Veränderungen. Gleichwohl ließen sich Prozesse nennen, die zur Stärkung jüdischen Selbstverständnisses bei vielen Beteiligten führten, wie auch zu einer Weitung, die das Christliche nicht mehr als Feind, sondern als Bündnispartner vorsichtig zu sehen beginnen konnte. Das wiederum hat im besten Sinne positive Folgen für das neu zu gründende Vertrauen in eine Welt, die sich als deutsche, aber auch als europäische und eben als christliche so mörderisch abweisend und feindlich verhalten hatte.

3. Damit nicht unverwandt: Wahrheitsfrage oder Die Wahrheit beginnt mit *zwei*

3.1 Kindschaft oder narzisstische Kränkung und ihre Gefahren

Zunächst einmal war ein großer Lernschritt, das Judentum im Christentum, die Elternschaft des Judentums im Christentum zu verstehen, anzunehmen und zu buchstabieren. „Die Wurzel trägt dich, nicht du die Wurzel". Mit diesem Satz ist bei einer auf Länge gedehnten Verzögerung der Wiederkehr (aus jüdischer Perspektive: des dann erstmaligen Erscheinens) des Messias eine massive narzisstische Kränkung verbunden, die in der Kirchengeschichte leider nicht als produktive Beschränkung des Ego und Unterstreichung des Geschenkcharakters und der Unverfügbarkeit Gottes verstanden wurde. Die Unverbrüchlichkeit der Wurzel wurde als Halsstarrigkeit und Unbekehr- und Unbelehrbarkeit der Juden verstanden und zur Verwerfung jener Wurzel, des Volkes Israel umgedeutet. So wurden die eigenen Glaubensmühen oder auch der eigene Unglaube auf „die Juden" projiziert.

Dagegen entwickelte sich jener oben erwähnte Lernschritt, der eine gewisse Dialektik des „schon" und „noch nicht" neu zu verstehen suchte. Dabei wurden die jüdischen Messiashoffnungen zur Inspiration einer nicht vergeistigten, sondern auch konkret auf diese Welt bezogenen Hoffnung christlichen Glaubens und Lebens. So ist der Gegensatz zu den berühmt-berüchtigten Sätzen von der Erfüllung der Verheißungen, die das Judentum überflüssig machen wollten, und sei es mit Gewalt, abgelöst von einer anderen Perspektive: Die europäische „Geschichte ist nach Gottes Willen mit dem Volk Israel unlöslich verbunden, nicht nur genetisch, sondern *in echter unaufhörlicher Begegnung*. Der Jude hält die Christusfrage offen … Denn Jesus Christus war Jude."[2]

Der Lernprozess bewegte sich auf eine antitriumphalistische Theologie zu, der das Hören auf Israel und damit auch sein Wohlergehen zum Bekenntnissatz wurde. Diese antitriumphalistische Haltung ist das Gegenteil einer geglaubten und propagierten, in weiten Teilen gedankenlosen Nutzung der Wortverbindung „christliches Abendland".

3.2 Geschwisterschaft

Noch gar nicht ausgelotet ist die Bedeutung der neueren Erkenntnisse der Judaistik, die vereinfacht gesagt eine Geschwisterbeziehung konstatiert zwischen rabbinischem Judentum und Christentum, die beide Reaktionen auf die Zerstörung des Tempels 70 n. Chr. und die Zerstreuung Israels waren. Die Trennung dieser beiden jüdischen Wege wird von den einen im 2., von den anderen erst im 4. Jahrhundert datiert. Schien die Mutter-Tochter Beziehung von Judentum und Christentum zunächst eine Kränkung, wurde sie dann aber zu einem vermeintlich sicheren Hafen. Nun konfrontiert die Geschwisterthese beide Seiten des Gesprächs neu mit der Frage, wer wir jeweils sind und wie sich die Differenzen beschreiben lassen und in der Ausgangsgeschichte manifestieren. Das bringt erneut Bewegung in Selbst- und Fremdbeschreibungen, die wiederum zum Ergebnis haben könnten, dass die Grenzen fließender werden. Dies ändert nichts an der Brutalität christlicher Abgrenzungsversuche in der Geschichte, doch es trägt zur produktiven Verunsicherung bei, die bei Beachtung eigener Gefährdung durch negative Projektion zur Offenheit, zur Öffnung immer wieder neu beitragen kann. Gerade dieses Fließende ist dem Populismus verhasst, sucht er doch in allen Lebensbereichen nach Vereindeutigung. Sei es Mann und Frau, sei es Nation, sei es eben Religion. Überall soll die Wahrheit eins und Ambivalenzen, Mehrfachidentitäten, Transkulturalität sollen ausgeschlossen sein.

3.3 Zweifel am Eigenen produktiv halten

Dieses „Immer wieder neu" ist nun vermutlich eine Kunst, die mit zu dem Lernprozess gehört, auch weil sie immer wieder bedroht ist. Selbstgefälligkeit über das Erreichte gehört neben der Ignoranz der vielen zu den problematischen und verstellenden Seiten dieses, wie wohl eines jeden Lernprozesses.

So glaubten in den 80ern manche, dass das Aussprechen des Tetragramms (des Gottesnamens) einen guten jüdisch-christlichen Gottesdienst oder eine Andacht auszeichnet. Shabbatfeiern und Sedermahle, seltener jüdisch christliche Gottesdienste wurden und werden kirchlich gefeiert. Die Protagonist(inn)en sind dann tief verletzt, wenn jüdische Stimmen gegen solches „Treiben" laut werden.

Noch heikler scheint das Lernen über die Bedeutung des Landes Israel und der unvermeidlichen Nähe dieser Frage zur Haltung zum Staat Israel. Hier auszuhalten, dass wir auf manches wie besonders auf den Nahostkonflikt keine Antwort haben, ist eine Grunderfahrung von Ambivalenz eigener Positionsbestimmung, die einer theologischen und politischen Reflexion bedarf: Z. B. von jüdischen Freunden hören zu müssen, dass sie eine theologische Aufladung nicht hilfreich finden für die innerisraelische oder auch manchmal innerjüdische Diskussion in der Diaspora, die gleichwohl Verständnis für die Situation in Israel erwarten und nicht selbstgefällige Kritik. Wie viel emotionaler Eigenbedarf wird von uns unter theologischen und politischen Vorzeichen verhandelt? Hier ist die Frage nach der Bedeutung der Begrifflichkeit von Sünde als produktiver selbstreflexiver und doch unverfügbarer Kategorie in guter Weise zu stellen. Dabei ist in der Auseinandersetzung mit populistischen Positionierungen wichtig zu betonen, dass Sünde keine moralische oder gar moraline, sondern eine ethische oder theologische Kategorie ist. Es geht nicht um die Verwerflichkeit von gleichgeschlechtlichen Beziehungen oder Ähnlichem, sondern um die Unversehrtheit des und der Anderen und das Bewusstsein von der Gefahr der egozentrischen Aufladung von Beziehung zu Gott und Mensch. Eine Bewegung, die bewusst die eigenen Interessen als Wahrheit versteht und propagiert, kann einen solchen am jüdisch-christlichen Gespräch geschärften Sündenbegriff nicht annehmen. Gleichwohl kann er kritisch gegen sie in die Diskussion eingebracht werden.

4. Konflikte nicht vermeiden – Grenz- und Lernerfahrung

Im Folgenden zitiere ich zwei längere Passagen zu zwei Konflikten aus dem jüdisch-protestantischen Gespräch, die mir bezeichnend scheinen für die Unvermeidbarkeit von Konflikten im jüdisch-christlichen Gespräch. Damit ist auch gesagt, dass wir durch Fehler lernen, gerade wenn es sich um Fehler handelt, die, so im zweiten Falle, auch beim Lesen gar nicht als solche erscheinen. Beide Beispiele stammen aus der protestantischen Gesprächswelt, weil ich Ähnliches aus dem Katholizismus nicht kenne.

4.1 Judenmission und Evangeliumszeugnis – der Purim-Streit

Erwähnung finden muss hier vor allem der sog. „Purim-Streit“ um das christliche Verständnis der „Judenmission“, den Gollwitzer im Nachhinein als ein „reinigendes Gewitter“ beschrieben hat. Bezeichnenderweise entzündete sich der Konflikt an einem für Gollwitzer typischen Vermittlungsversuch: dem Versuch, die Mitglieder der Arbeitsgemeinschaft „Juden und Christen“ mit Vertretern der Judenmission ins Gespräch zu bringen. In diesem Zusammenhang hatte sich Gollwitzer zur bleibenden „Verpflichtung“ der Christen „zum Evangeliumszeugnis gegenüber dem Judentum“ bekannt. Geis sah in dieser Formulierung eine Relativierung von Gollwitzers bisheriger Ablehnung der Judenmission, worüber er sich in einer „Purimbetrachtung“ zur „Woche der Brüderlichkeit“ 1964 empörte: „Die Judenmission wird jetzt mit einem Mal von diesem Systematiker der evangelischen Theologie nicht mehr so strikt abgelehnt, sie soll nur nicht ‚von hohem Roß‘ erfolgen, Infanterie ist die Buße für das Schweigen der Kirche bei der Ermordung von Millionen Juden. Es könnte einem speiübel werden. Aber es ist ja Purim. Einen Kognak bitte!“ Damit spielte Geis auf den Brauch an, sich am Purimfest zu betrinken, bis man Freund und Feind nicht mehr unterscheiden kann. Angesichts von Gollwitzers erstaunter Reaktion insistierte Geis: „Einmal hatte die Kirche die Chance des Christusbekenntnisses gegenüber uns Juden: im Dritten Reich. Diese Chance ist nicht wahrgenommen worden, sonst hätten Tausende und Abertausende von Christen für uns und mit uns in den Tod gehen müssen … Menschliche Scham sollte eine Benutzung des Ausdruckes vom Zeugnischarakter des Christentums gegenüber dem Judentum in dem von Ihnen gebrauchten Sinn verbieten.“ Zwanzig Jahre später räumte Gollwitzer im Rückblick ein, dass er sich im „Purimstreit“ „schuldig gemacht“ habe. Seine Argumentation sei von einer „Blindheit“ geprägt gewesen, „in der sich Herzenshärtigkeit verrät“.[3]

4.2 Das Sch'ma auf einem Deutschen Evangelischen Kirchentag

Als wir Anfang 2004 im Präsidium des Kirchentags die Worte „Wenn dein Kind dich morgen fragt …“ aus 5. Mose 6,20 als Losung wählten, war uns wichtig, dass sie nicht ohne ihren biblischen Zusammenhang bleiben. Sie haben ihre Bedeutung in der Geschichte und den Geschichten Israels; Israels grundlegende Erfahrungen sind es, die zu erzählen sind, wenn dein Kind dich morgen fragt. Ich dachte mir, dass die jüdischen Mitglieder der Arbeitsgemeinschaft Juden und Christen, die seit vielen Jahren in den Veranstaltungen der AG entscheidend mitwirken und weit darüber hinaus die Kirchentage bereichern, das begrüßen würden. Aber ich musste lernen, dass das gut Gemeinte keineswegs schon gut ist. Es gab nämlich zunächst heftigen Unmut über die Wahl des Textes überhaupt. Da war das Empfinden, hier werde Jüdinnen und Juden ihr Ur-Eigenstes weggenommen, indem eben der Text, der wie kein anderer jüdische Identität trägt, christlich vereinnahmt werde. Dass wir das nicht wollten, war kein hinreichendes Argument gegen das Empfinden, wir täten es. Die Debatten waren entsprechend emotional und „emotional“ heißt hier gerade nicht „unsachlich“. Das Empfinden speist sich aus Erfahrungen – bösen Erfahrungen aus vielen Jahrhunderten und in vielen Formen, in denen Christen Juden enteigneten, die Kirche als das „wahre Israel“ ausgaben und jüdischen Menschen absprachen, ihre eigene „Schrift“ recht zu verstehen.[4]

Beide Konflikte erzählen von Fehlbarkeiten der Gutwilligen und enorm Engagierten, die nicht durch Vermeidung entstanden sind, sondern durch Versuche, Lernerfahrungen umzusetzen. Da sie aber in asymmetrischen, durch Gewaltgeschichte stark geprägten Beziehungen stattfanden und -finden, sind Empfindungen, wie Ebach eindrücklich beschreibt, Teil der theologischen und der politischen Diskussion. Somit geht es auch darum zu lernen, damit umzugehen, dass gefühltes Minderheitsein gegenüber der Mehrheitsgesellschaft in Staat und Kirche noch nicht bedeutet, den Angehörigen der jüdischen Minderheit in Bezug auf Sensibilität gegenüber jener Mehrheitsgesellschaft „gleich" zu sein. Diese Empfindsamkeit ist ein lebenslanger Lernprozess, der das Leben komplexer macht und damit dem Populismus per se entgegensteht.

Das Spannungsreiche als das Lebendigere erfahrbar zu machen, ohne wieder neu normativ zu sprechen, das ist dann vor dem Hintergrund dieser Überlegungen die Aufgabe, die sich aus den Lernerfahrungen des jüdisch-christlichen Gesprächs auch ergibt. Dass dies ein lebenslanger und offener Bildungsprozess ist, der weit über Wissensvermittlung hinausgeht, ergibt sich daraus fast von selbst. Dem Populismus und seiner auch für nicht wenige Christenmenschen verführerischen Unterkomplexität ist nach meiner Erfahrung aus dem jüdisch-christlichen Gespräch nur mit dieser biblisch-theologischen Neugier und Vielschichtigkeit beizukommen und nicht mit einem Sicherheitsversprechen des Religiösen. Die Erotik der Unsicherheit, eine auf Gott vertrauende Lust am Leben, markiert somit die Wege ins Offene und damit weg von populistischen Vereinfachungen.

Populismus und Genderfragen

Die Angst vor der Unordnung der Geschlechter

Regina Ammicht-Quinn

1. Die Hose am Pult oder: Wir sind nicht Burka

Im Januar 2013 wurde es offiziell: In Paris durften Frauen nun Hosen tragen. Und dies ohne gegen ein im Jahr 1799 erlassenes Gesetz zu verstoßen, das bis dahin Gültigkeit hatte.[1] 1799 ging es nicht um Modevorschriften; die langen Hosen waren die Kleidung der Arbeiterklasse und damit – im Gegensatz zur adligen Kniebundhose – das Zeichen der Revolution. Die revolutionären Frauen in Hosen wurden von den mitrevolutionären Sansculottes schnell auf ihren Platz verwiesen: den Platz der revolutionären Arbeit im Haus, natürlich im Rock.

Dieses Gesetz war längst vergessen, als es abgeschafft wurde; aber die Geschichte des „Beinkleids" für Frauen ist in den Ländern des Westens eine Geschichte voller Dramatik und Auseinandersetzungen – bis hin zum 14. Oktober 1970, als die Bundestagsabgeordnete Lenelotte von Bothmer im Bundestag eine Rede über Schulpolitik hielt, eine Handtasche fest in der linken Hand und bekleidet mit einem Hosenanzug. „Die erste Hose am Pult!", schrie, eher unzutreffend, ein empörter Zwischenrufer. Carlo Schmid (SPD) befürchtete, die Würde des hohen Hauses sei verletzt; Bundestagsvizepräsident Richard Jaeger (CSU) war sich sicher, dass die Würde der Frau verletzt war.[2]

Im zeitgenössischeren Kontext, wenige Wochen nach dem terroristischen Anschlag in Nizza am 14. Juli 2016, ist dann von den „guten Sitten“ die Rede. In der Bilderflut der Gegenwart wurde hier eine Bilderfolge „ikonisch“: Eine Frau, bekleidet mit einer langärmligen Bluse, Leggins und einem Kopftuch liegt am Strand von Nizza. Vier Polizisten umringen sie, im nächsten Bild zieht die Frau ihr langärmliges Oberteil aus; darunter sieht man ein ärmelloses T-Shirt. Einen Ganzkörperbadeanzug, den sogenannten „Burkini“, den Nizza nach dem 14. Juli am Strand verboten hatte, trägt sie nicht.

Der französische Premier Manuel Valls sah im „Burkini“ „die Umsetzung eines politischen Projekts, einer Gegen-Gesellschaft, die auf der Unterdrückung der Frau gründet“. Die Strände müssten, wie der gesamte öffentliche Raum, vor „religiösen Ansprüchen“ geschützt werden.[3] Und die Verordnung, die für den Strand von Cannes erlassen wurde, geht davon aus, dass „im Lichte … der jüngsten islamistischen Attentate, … das Tragen einer unüblichen abgrenzenden Bade-Bekleidung nicht nur als Zeichen der Religiosität interpretiert werden kann“. Die Kleidung müsse „die guten Sitten und die Laizität respektieren“.[4]

Die Bade-Ganzkörperbekleidung, die in Europa für Frauen lange Zeit zu den „guten Sitten“ gehörte, hatte zu Beginn des öffentlichen Badebetriebs Ende des 18. Jahrhunderts zur Folge, dass Frauen wegen zu schwerer Badekleider immer wieder vor dem Ertrinken gerettet werden mussten – denn in die Säume der Röcke waren oft die Sitten schützende Gewichte eingenäht.

Der Frauenkörper ist der Brennpunkt gesellschaftlicher Zuschreibungen, an ihm werden gesellschaftliche Konflikte ausgehandelt, an ihm sollen Sicherheiten (wieder) hergestellt werden. Und was auch immer die „guten Sitten“ sind: Sie müssen am Frauenkörper sichtbar werden. Der lange Konflikt um

Hosen tragende Frauen zeigt den Frauenkörper als Ort der Unordnung und Verunsicherung der Geschlechter. Der Konflikt um den „Burkini" zeigt den Frauenkörper als Ort der Unordnung und Verunsicherung von Traditionen.

Wir sind nicht Burka. Diese durchaus komplexe, vielleicht auch komische pars pro toto Aussage des Innenministers Thomas de Maizière[5] bezieht sich auf genau diesen Diskurs. Zwar „ist" eine Burka tragende Frau ebenso wenig „Burka" wie Lenelotte von Bothmer „die Hose am Pult" war; aber die identitätspolitische Funktionalisierung des Frauenkörpers braucht diese Gleichsetzungen. Am Frauenkörper nehmen Ein- und Ausschlüsse Gestalt an. Und ein Denken in Ein- und Ausschlüssen ist grundlegend auch für populistisches Denken. In ingroup/outgroup Konzepten steht das „Wir" des „Volks" gegen die (korrupten) „Eliten", und das „Wir" des „wirklichen Volks" steht gegen die „Fremden".

In den Sozialwissenschaften aber werden Genderfragen außerhalb der genuinen Genderdiskurse kaum thematisiert – so als seien die antifeministischen und anti-„genderistischen" populistischen Themensetzungen, Einwürfe und Überzeugungen entschuldbare Nebenstreitplätze. Wer mag schon diesen „Genderwahnsinn"? Populistische Positionen zu Genderfragen sind zugleich in verwirrender Weise komplex. *Zum einen* vertreten populistische Parteien die konservative Form eines Familienbildes, wo alles seine festgesetzte Ordnung hat. Die Sorge um die Familie ist dabei das Modell für die Sorge um die Nation. *Zum anderen* sehen sich populistische Positionen als die wahren Erben der Aufklärung, die für Individualität, Gleichheit und Emanzipation eintreten. Die (emanzipierte) Rolle „der Frau" wird zum Kennzeichen der „nationalen Kultur", die damit im Gegensatz zu „dem Islam" steht. Populistisches Denken positioniert sich als Retter der unterdrückten Frauen aus einer rückständigen Kultur. In der Konsequenz entsteht hier ein „kultureller Fundamentalismus“[6], der nicht mehr die Überlegenheit von Rassen, sondern die Überlegenheit einer in sich homogenen „Kultur“ proklamiert. Diese „aufgeklärte Kultur“ ist – im Gegensatz zur „rückwärtsgewandten Kultur“ – eine imaginierte und imaginäre Gemeinschaft, gereinigt von jeder Art des Faschismus und Autoritarismus.[7]

Zusätzlich irritierend ist das Phänomen der weiblichen Führungspersonen innerhalb populistischer Parteien, die mehrfach geschieden sind wie Marine Le Pen oder in einer lesbischen Beziehung mit Kindern leben wie Alice Weidel, Spitzenkandidatin der AfD für die Bundestagswahl 2017 in Deutschland. Möglicherweise sind sie ja die „Elite“, deren Regeln nicht für das „Volk“ gelten.

2. Worum geht es, wenn es um „Gender“ geht?

„Gender“, ursprünglich ein grammatikalischer Begriff, untersucht die Erscheinungs- und Wirkungsweisen der in soziale und auch religiöse Zusammenhänge eingeschriebenen Geschlechterverhältnisse. Genderforschung, auch theologische Genderforschung, ist eine praxisnahe Theorie und verdankt sich historisch der säkularen Frauenbewegung des 19. und 20. Jahrhunderts. Ein Blick auf diese säkulare politische Frauenbewegung zeigt – idealtypisch – drei Phasen, die sich nicht fein säuberlich ablösen, sondern sich gegenseitig überlappen, auch nebeneinander existieren. Die *erste Phase* steht unter der Überschrift „Gleichheit“; es ist der Aufbruch der Ersten Frauenbewegung Mitte des 19. Jahrhunderts mit dem Kampf um Gleichberechtigung, gleichen Zugang zu Bildung, zu politischer Mitbestimmung, zu Ämtern aller Art. Die *zweite Phase* setzt ein mit der Neuen Frauenbewegung der

70er Jahre in den westlichen industrialisierten Ländern. Hier geht es – idealtypisch – um Differenz, um die Schaffung frauenidentifizierter Räume, die es ermöglichen, das Eigene als Eigenes wahrzunehmen und schätzen zu können.

Beide Phasen waren und sind nötig und wichtig; für beide Bewegungen gibt es gesamtgesellschaftlich (und kirchlich) noch erheblichen Nachholbedarf. Gleichzeitig dürfen sie nicht absolut gesetzt werden, sonst kann aus Gleichheit Angleichung, aus Differenz die Betonung weiblicher Tugenden anstelle von Rechten werden. Die potenziellen Sackgassen, in die diese beiden Wege führen, werden in einer notwendigen *dritten Phase,* der Phase der Genderforschung, analysiert. Der Geschlechterdiskurs übt Kritik an einer Lebenswelt, die, ausgehend von der Grunddifferenz von „Mann“ und „Frau“, als gespalten vorgestellt wird. Statt von festgeschriebenen Unterschieden zwischen den Geschlechtern auszugehen, zwingt der Gender-Begriff dazu, den Wert zu reflektieren, der diesem Unterschied beigemessen wird.

Gender ist damit, erstens, eine *Analysekategorie,* die Geschlechterverhältnisse untersucht. Dies ist notwendigerweise verbunden mit der Abkehr von essentialistischen Vorstellungen von Geschlecht, die das Wesen „der Frau“ und „des Mannes“ überzeitlich festlegen, an den Körper binden und entsprechende Tugenden, Fähigkeiten, Aufgaben und Orte in der Welt zuordnen. Genderforschung erfindet nicht die strukturgebenden Wirkungen der Geschlechterverhältnisse. Sie analysiert sie. Gender ist, zweitens, eine *Verunsicherungskategorie* – in ihrer Wirkung und ihrer Intention. Als Verunsicherungskategorie negiert sie den Zwang, „passen“ zu müssen: den Zwang, dass der Körper (wie die Geschlechtsorgane aussehen) zur Geschlechtsidentität (wie sich ein Mensch im Spektrum der Geschlechter verortet)

„passen" muss, beides zum Begehren (welche Geschlechtsorgane der Mensch hat, den er oder sie liebt) und zur Geschlechterrolle, und alles zu dem zugeschriebenen Ort in der Welt. Gender ist, drittens, eine *Gerechtigkeitskategorie.* Damit werden Exklusionen und Verletzungen, die durch dominante Geschlechtervorstellungen hervorgebracht worden sind, benannt und es werden Geschlechtertheorien und -praktiken entwickelt, die Menschen in ihrer Vielfalt gerecht werden und Gerechtigkeit für Menschen in ihrer Vielfalt anstreben.

3. Befremdliche Allianzen: Populismus, Kirche, Feminismus

Populistische Positionen zeigen sich zum einen als Retter der traditionellen und traditionalistischen Familie, eine Position, die in vielen Kontexten als „rückständig" wahrgenommen wird, weil sie ungleich und ungerecht ist; sie zeigen sich zum anderen als Retter „der Frauen", insbesondere vor einer „rückständigen Kultur". Beide Haltungen wehren ab.

Die *erste Haltung* ist Abwehr von allen Beziehungs- und Familienmodellen, die nicht in ein „traditionelles" Konzept passen, Abwehr einer Sexualerziehung, die andere als heterosexuelle Lebensformen thematisiert, Abwehr von Geschlechtermodellen, die eine normative Zweigeschlechtlichkeit infrage stellen. Für diese Haltung bilden sich *Allianzen zwischen populistischen Positionen und Teilen der Kirche.* Die *zweite Haltung* ist die Abwehr von „voraufklärerischen Kulturen" zum Schutz „der Frauen" und zum Schutz der „westlichen Werte". Für diese Haltung bilden sich *Allianzen zwischen populistischen Positionen und Teilen des Feminismus.*

Im Kontext der *ersten Haltung* reagiert beispielsweise der Regensburger Bischof, Dr. Rudolf Voderholzer, auf den Flyer „Gender katholisch gelesen" (2015)[8]. Der Bischof betont die

„Schöpfungsfeindlichkeit" jeder Gendertheorie, beruft sich dabei sowohl auf Papst Franziskus („Die Gendertheorie ist dämonisch") als auch auf Papst Benedikt (Familie und Kind verlieren ihre eigene Würde).[9] Die *Intentionen* dieser Verteidigung „der Familie" sind *unterschiedlich:* Katholische Positionen berufen sich auf den Schöpfungsglauben, der, so die Lesart, eine klare Zweigeschlechtlichkeit und damit verbundene Rollen und Tugenden vorschreibt. Populistische Positionen sehen in „Gender" ein Codewort für unerwünschte Veränderungen; sie berufen sich auf einen „common sense", weil „wir", „das Volk", wissen, wie Männer und Frauen sind und was Männer und Frauen wollen, während neue Gendernormen von Feministinnen erfunden und „dem Volk" aufgezwungen werden.[10] Beide Positionen aber sind sich *im Ziel gefährlich einig:* Unkomplizierte, traditionelle Beziehungen zwischen Männern und Frauen, das „Bekenntnis zur traditionellen Familie", „mehr Kinder statt Masseneinwanderung" und die Beendigung der „Diskriminierung gegen Vollzeitmütter", so das Grundsatzprogramm der AfD.[11] Was dabei nicht thematisiert wird: die Exklusion all derjenigen, deren Körper oder Lebensweise nicht „passen".

Im Kontext der *zweiten Haltung* entsteht die Allianz zwischen populistischen Positionen und einigen (vor allem älteren) feministischen Positionen dort, wo die „Werte der Aufklärung" nicht gefährdet werden dürfen. Dies erscheint zunächst durchaus erstrebenswert. Erst auf einen zweiten Blick wird deutlich, dass es hier – im Sinn der „Dialektik der Aufklärung"[12] – um Aufklärung als Exklusion geht. So fragt die Sozialphilosophin Susan Moller Okin, die bis zu ihrem Tod an der Stanford University lehrte: „Ist Multikulturalität schlecht für Frauen?"[13] Sie ist beunruhigt über das, was geschehen kann, wenn Migrant(inn)en in ihren kulturellen oder religiösen Werten den im Westen etablierten Geschlechternormen widersprechen. Für Frauen, so Okin, die aus einer stärker patriarchalen Kultur kommen, sei es von Vorteil, wenn diese Kulturen aussterben oder ausgelöscht werden (to become extinct), so dass ihre Mitglieder sich in eine weniger sexistische Kultur integrieren könnten – oder wenn zumindest die Ursprungskultur dazu gebracht werden könnte, sich zu verändern.[14]

Auch hier *unterscheiden sich die Intentionen* zwischen populistischen (Mehrheits-)Positionen und feministischen (Minderheits-)Positionen: Auf populistischer Seite wird das Argument „westlicher Werte" und „westlicher Aufklärung" für einen umfassenden Anti-Islamismus und den Widerstand gegen Migration benutzt. Auf feministischer Seite liegt der Fokus auf den fragilen Errungenschaften feministischer Theoriebildung und Praxis, die durch Migrant(inn)en aus „stärker patriarchalischen Kulturen" in Frage gestellt werden. Beide Positionen aber *überschneiden sich in gefährlicher Weise,* indem sie „Kultur" statisch sehen, absolut setzen und damit kulturell fundamentalistisch argumentieren.

4. Ein notwendiges Ende der Allianzen

Mit einfachen Antworten auf komplexe Probleme, mit faschistischen und rassistischen Anteilen sind populistische Strömungen gefährlich, weil sie Exklusionstendenzen zum politischen Programm machen. Allianzen zwischen Populismen und manchen kirchlichen Positionen genau wie die Allianzen zwischen Populismen und manchen feministischen Positionen sind entlarvend und beschädigen die jeweiligen kirchlichen oder feministischen Institutionen, Überzeugungen und Glaubwürdigkeiten. Manche kirchlichen Positionen, die enge populistische Allianzen eingehen, verstehen unter

„Gender" die radikale Selbstgestaltung des Menschen und damit verbunden die grundlegende Abkehr vom Schöpfungsglauben. Beides ist zu eng gedacht: Genderforschung ist eine Abkehr vom Essentialismus – also eine Abkehr davon, dass durch „Geschlecht" das Wesen „der Frau" und „des Mannes" überzeitlich festgelegt und an den Körper gebunden werden kann und entsprechende Tugenden, Fähigkeiten, Aufgaben und Orte in der Welt zugeordnet werden können. Dies aber bedeutet *nicht* die Abschaffung der „Natur": Alle wollen selbst entscheiden, ob sie Männer oder Frauen sind! Ob sie Männer oder Frauen lieben! Die Schöpfungsordnung wird außer Kraft gesetzt! Vielmehr geht es darum zu verstehen, wie sehr eine Auffassung von „Natur" historisch, kulturell, sozial geprägt ist.[15]

Die Schöpfungsordnung der Religionen in christlicher Ausprägung kann aus zwei Perspektiven betrachtet werden. *In einer ersten Perspektive* will und muss man vermeiden, dass Unordnung in eine bestehende, klare und intelligible Schöpfungsordnung einbricht. Eine Geschlechterunordnung, die mit dem Durchbrechen traditioneller Rollenzuweisungen und dem Zurückweisen geschlechtsspezifischer Tugenden beginnt und noch nicht endet mit uneindeutiger Geschlechtlichkeit, ist ein gewaltiger Einbruch. Dieser Einbruch stellt nicht nur eine, sondern alle Facetten der gut gepflegten hierarchischen geschlechterbinären Ordnung in Frage. In einer naiven theologischen Sprache könnte man diese Perspektive des Hereinbrechens der Unordnung in die Ordnung so beschreiben: *Wenn Männer nicht Männer und Frauen nicht Frauen sein wollen, dann hieße es ja, dass Gott sich geirrt hat. Und da sich Gott nicht irren kann, kann es dies alles nicht geben. Jede Geschlechterunordnung ist eine „Kampfansage an die Schöpfungsordnung"*[16]. Beim Versuch, die Ordnung aufrechtzuerhalten, wird das bloße Dasein von Menschen, die nicht in eine normative Zweigeschlechtlichkeit passen, zur Blasphemie. Was getan werden muss: reinigen, säubern, Grenzen ziehen, Mauern bauen, ausweisen.

Eine zweite Perspektive geht davon aus, dass „Geschlecht“ kompliziert ist – wie das Atmen oder die Schwerkraft. Wir tun, leben und erleben „Geschlecht“ konstant; wenn wir beginnen, darüber nachzudenken, wird es schwierig. Die kulturwissenschaftlichen Forschungen zur Vielheit von Geschlechterordnungen werden z. B. von der Evolutionsbiologin Joan Roughgarden ergänzt. Sie beschreibt die grandiose und vielschichtige Unordnung der Natur – wo es nichts gibt, was es nicht gibt, und wo diese Vielfalt atemberaubend und wundervoll ist.[17] Also gibt es eine zweite Möglichkeit, immer noch in einer etwas naiven theologischen Sprache, hier neu anzusetzen und nicht vom Hereinbrechen der Unordnung in die Ordnung, sondern vom Hereinbrechen der Ordnung in die Unordnung sprechen: *Warum verstört es uns so sehr, wenn Gott sich nicht an die von Menschen gemachten Gesetze hält?* Damit brechen Allianzen zwischen populistischen und kirchlichen Haltungen zusammen.

In gleicher Weise geht es darum, die Allianz zwischen populistischen und manchen feministischen Positionen aufzulösen. Diese feministischen Positionen beruhen auf problematischen Annahmen – etwa der Annahme, dass Migrant(inn)en ihre komplette, unveränderliche Kultur mit sich importieren und so automatisch zu Repräsentant(inn)en dieser Kultur werden. Die Beispiele, die die kulturelle Rückständigkeit belegen, sind Extrembeispiele. Es geht um Ehrenmord, Polygamie und Genitalverstümmelung. Ehrenmorde (oder auch Mitgiftmorde) aber werden in Bezug zu „deutschen“ Scheidungen gesetzt, nicht etwa in Bezug zu „deutscher“ partnerschaftlicher Gewalt.[18] Hier wurden im Jahr 2015 rund 65.800 weibliche Opfer von vorsätzlicher einfacher Körperverletzung, 11.400 weibliche Opfer von gefährlicher Körperverletzung und 331 weibliche Opfer von Mord oder Totschlag, jeweils begangen durch deren aktuelle oder ehemalige Partner, registriert.[19] Eine rechtssoziologische Studie zu Ehrenmorden in Deutschland aus dem Jahr 2011 belegt zum einen die hohe Anzahl männlicher Opfer (47 %), zum anderen widerlegt sie den eindeutigen Zusammenhang von Islam und Ehrenmord. Schätzungen gehen von fünf bis 12 Ehrenmorden pro Jahr in Deutschland aus.[20]

Keiner dieser Morde ist zu rechtfertigen – weder mit einer „rückständigen" noch mit einer „deutschen" Kultur. Auffällig ist aber, dass das Verhalten von Migrant(inn)en als kulturell gebunden betrachtet wird – das Verhalten weißer Menschen dagegen als individuell geprägt. Unbeachtet bleibt dabei, dass sich Kulturen, auch nicht-westliche Kulturen, entwickeln, dass sie in sich plural sind, vielfältig, umstritten und widersprüchlich. Benachteiligungen von Frauen haben in der Regel vielfältige (und nicht allein „kulturelle" oder „religiöse") Ursachen – insbesondere politische und ökonomische. Frauen werden in dieser Argumentation zu Opfern, die zu schwach, zu dumm oder zu passiv sind, um selbst aktiv zu werden. Und folgerichtig werden die vielfältigen emanzipatorischen Anstrengungen der „anderen" übersehen oder negiert, anstatt sie zu unterstützen.

5. Wie weiter?

Beide – die Populismus-ähnliche kirchliche und die Populismus-ähnliche feministische Position – müssen ihr Denken in Binaritäten aufgeben. Weder rettet eine absolut gesetzte Zweigeschlechtlichkeit die Schöpfungsordnung noch rettet ein Denken, das „uns" (Aufgeklärte) gegen „die" (Rückständigen) ausspielt, die Rechte von Frauen. Das heißt nicht, dass eine freundliche und gleich-gültige Toleranz die einzige Haltung sein kann. Ein binäres Denken aufzugeben bedeutet nicht, gleichzeitig jede Kritikmöglichkeit aufzugeben. Hier wie überall muss jede Idee von Toleranz ein Konzept des Intolerablen beinhalten. Menschenrechtsverletzungen gilt es dabei unabhängig von Geschlecht und „Kultur", aber auch unabhängig von (politischen) ökonomischen Vorteilen oder Abhängigkeiten Einhalt zu gebieten. Und selbstverständlich ist auch Kritik an oft manisch anmutenden Versuchen der Kontrolle und Selbstgestaltung nötig. Diese Kritik aber ist vor allem nötig in Bezug auf Machbarkeitsvisionen beispielsweise in der Kontrolle und Ausbeutung der Umwelt und in der Kontrolle und Ausbeutung von Körpern im Kontext von Schönheits-, Gesundheits- und Funktionalitäts-Regimen – nicht bei Intersex- oder Transgender-Menschen.

Gender als Verunsicherungskategorie kann durch das produktive Aufbrechen von Geschlechterordnungen den Anstoß dazu geben, auch andere Sicherheiten, die uns als zeitgenössische Normalitäten entgegentreten, nicht einfach zu akzeptieren. *Gender als Gerechtigkeitskategorie* kann helfen, Exklusionen zu beenden und in Zukunft zu vermeiden. Dies gilt für alle Ausschlüsse aufgrund von Geschlecht oder „Kultur". Im gesellschaftlichen Bereich sind dabei zwei der großen aktuellen Kontroversen miteinander verwoben: Migration und Geschlechterverhältnisse. In kirchlichen Kontexten wird diese strukturelle Verbindung zwischen dem Wandel durch Migration und dem Wandel durch neue Geschlechterverhältnisse oft nicht wahrgenommen: In Migrationsfragen werden (mit Recht) Nächstenliebe und Menschenrechtsstandards eingefordert; die religiös geprägte Ablehnung von Geschlechterforschung und -politik vernachlässigt dabei sowohl klare Analysen als auch Nächstenliebe und Menschenrechtsstandards.

Zygmunt Bauman beschrieb kurz vor seinem Tod die „Kardinalsünde“, die Migrant(inn)en in den Augen „Einheimischer“ begehen: „Ihre Kardinalsünde, ihr unverzeihliches Vergehen besteht darin, ein Quell mentaler und praktischer Ratlosigkeit zu sein, die ihrerseits aus der Verunsicherung durch ihre mangelnde Verständlichkeit und Kategorisierbarkeit folgt (Verstehen bedeutet laut Wittgenstein bekanntlich, ‚jetzt weiß ich weiter‘ sagen zu können).“[21]

Nicht nur Migrant(inn)en machen sich dieser „Kardinalsünde“ schuldig, sondern auch all diejenigen, bei denen Körper, Begehren, Identitäten, Rollen und Tugenden nicht in den vorgegebenen Kategorien zueinanderpassen. Diese „Kardinalsünde“ als „Quell praktischer und mentaler Ratlosigkeit“ ist die eigene Verunsicherung. Dieser breiten Verunsicherung muss eine neue Verunsicherungskompetenz entgegenstehen, die Wert und Würde der Verunsicherung benennt. Sie wird wichtig, wo Menschen, die nicht „passen“, mit einem Achselzucken oder mit Gewalt ausgeschlossen werden. Und sie wird wichtig dort, wo Gewichte in den Kleidersäumen die guten Sitten aufrechterhalten sollen – damit man anschließend Frauen vor dem Untergang im Meer der Kultur „retten“ kann.

Die normative Kraft des Kontrafaktischen

Populistische Positionen zwischen Ideal und Lüge

Michael Hoelzl

Streng genommen ist jedes politische System, dessen Machtanspruch einzig und allein von der Gunst des Volkes abhängt, populistisch. Werden andere Zwangsmittel zur Erlangung und Stabilisierung der Herrschaft ausgeschlossen, dann ist die Legitimität dieses Systems nicht nur vom Willen des Volkes, sondern auch von der Stimmung abhängig, die das Volk beherrscht. Daher ist Demokratie wie kein anderes politisches System für Populismus empfänglich.[1] Wer auf demokratische Weise Macht gewinnen will, muss das Volk für sich gewinnen. Das heißt nicht, dass man die Masse erfolgreich von *sich und seiner Sache* überzeugen muss. Ausschlaggebend ist, ob man die Wählergunst im entscheidenden Moment auf seiner Seite hat.

Vox populi, vox Dei. Dass die Stimme des Volkes übermenschliche Macht hat, wusste man schon in der Antike. Die göttliche Macht der öffentlichen Meinung für seine Sache günstig zu stimmen, verlangt Opfer. Zu den ersten Opfern im Kampf um die Stimme des Volkes zählt die Wahrheit, dargebracht in Gestalt des gestreuten Gerüchts.[2] Es geht darum, das Wohlwollen der öffentlichen Meinung, der *public opinion,* nicht im Sinne der offiziellen Meinung politischer Korrektheit, sondern die Zustimmung der inoffiziellen, subkutan wirkenden, tatsächlichen Meinung des Volkes, zu gewinnen. Dazu muss man nicht unbedingt populär sein. Oft genügt es, populistische Positionen zu vertreten, um die Wählergunst, zumindest für genügend lange Zeit, auf seiner Seite zu wissen.

1. Popularität und Populismus

Obwohl gleichen etymologischen Ursprungs, bedingen Popularität und Populismus einander nicht. Populäre Personen sind nicht zwangsläufig populistisch und nicht jeder Populist ist beim Volk beliebt und anerkannt. Gerade was den Populisten betrifft, scheinen Popularität und Populismus in einem indirekten Verhältnis zueinander zu stehen. Ein gutes Beispiel dafür bietet der geistige Wegbereiter des Brexit-Referendums und Inbegriff eines unpopulären Populisten, Nigel Farage. Kaum ein Politiker war als Person weniger beliebt beim britischen Volk und trotzdem so erfolgreich, die Stimmung und Wählergunst für seine Sache zu gewinnen. Natürlich kann spekuliert werden, ob die populistischen Positionen Farages ohne die Popularität von Boris Johnson ausgereicht hätten, eine knappe Mehrheit der Stimmen zu erlangen. Über die schillernde Figur Boris Johnson kann oder muss man vielleicht geteilter Meinung sein. Eines ist ihm sicherlich nicht abzusprechen. Er ist, wie die Engländer sagen, „quite a character". Farage ist die ambivalente Ehre solch eines wertschätzend-abstoßenden Urteils über den persönlichen Charakter nicht zuteilgeworden. Sein Rücktritt kurz nach dem Umfrageergebnis hat weder zu seiner Popularität noch zu der seiner UK Independence Party (UKIP) beigetragen, wie das jüngste Wahlergebnis bestätigt. An dem Absturz von UKIP bei der Parlamentswahl vom 8. Juni 2017 zeigt sich auch, welche wichtige Rolle der Zeitpunkt spielt, zu dem man in der Gunst des Volkes stehen muss, um mit seiner Sache erfolgreich zu sein.

Natürlich ist Popularität für den Machtwerber und den positiven Ausgang seiner Sache von Vorteil, aber eben nicht notwendige Bedingung. Fehlt die Popularität der Person, so kann diese durch Populismus kompensiert werden. Die Kompensation mangelnder oder im Sinken begriffener Popularität geschieht dann oft durch die Verschiebung des Fokus weg von der Person hin zu dem Thema populistischer Positionen.

Die bereits erwähnte letzte Parlamentswahl in Großbritannien liefert dazu wieder ein geeignetes Beispiel. Premierministerin Theresa May hatte am 18. April 2017 ganz überraschend, aber doch aus Kalkül und auf die positiven Ergebnisse der Meinungs- und Stimmungsforscher vertrauend, vorgezogene Neuwahlen ausgerufen. Offizieller Grund für die Neuwahlen war das Ziel, die Legitimität ihres Herrschaftsanspruchs vom Volk bestätigen zu lassen, um stärker in die Brexit-Verhandlungen eintreten zu können. Doch die *vox populi* funktioniert nicht wie ein *Deus ex machina.* Zu Beginn des Wahlkampfes schien der Plan noch aufzugehen. Bis zu den Terroranschlägen am 22. Mai in Manchester mit 23 Toten und 119 Verletzten und in London am 3. Juni, fünf Tage vor der Wahl, mit 8 Todesopfern und 48 Verletzten. Die Stimmung drehte sich – gegen Theresa May, die während ihrer Amtszeit als Innenministerin (Home Secretary) den Abbau von 20.000 Polizeistellen zu verantworten hatte. Normalerweise zählt das Thema Sicherheit zu den Kernkompetenzen rechter Parteien und meist spielen Terroranschläge in die Hände der wahlkämpfenden Parteien des rechten Spektrums. Im Falle des auf die Person Theresa May zugeschnittenen Wahlkampfs war das aus dem genannten Grund nicht der Fall. Die ohnehin nicht sehr große Popularität der Premierministerin schwand. Um von der Person der Machtwerberin abzulenken, wurde nun wieder auf die bereits bekannten und beim Brexit-Referendum gängigen populistischen Positionen zurückgegriffen. Mit mäßigem Erfolg, wie sich herausstellen sollte. Der populistische Kairos des Brexit war vorbei.

Die Effektivität populistischer Positionen, die im Werben um die Gunst des Volkes vertreten werden, ist situationsbezogen. Nur eine populistische Position zu vertreten, reicht nicht aus, und zur falschen Zeit oder am falschen Ort vorgetragen, bringt sie eher den Vorwurf der Plattheit als Zustimmung ein.

2. Stärke und performativer Selbstwiderspruch populistischer Positionen

Populistische Positionen zur rechten Zeit am richtigen Ort zu vertreten ist hingegen ein höchst wirksames Mittel im Wettstreit um die Gunst des Volkes. Demokratische Machtwerber des gesamten politischen Spektrums, von radikal Links bis radikal Rechts inklusive Zentrum Mitte, verzichten nicht gerne auf dieses Mittel.

Was macht den Populismus so erfolgreich? Dazu gibt es unzählige mehr oder minder plausible Antworten und Theorien. Allen diesen Theorien ist eines gemeinsam. Sie sind vom Standpunkt der wie auch immer definierten Elite aus formuliert, gegen die sich der Populismus gerade richtet. Hier soll das facettenreiche Phänomen des Populismus einzig und allein als Kommunikationsgeschehen in den Blick genommen werden. Die Frage lautet daher nicht, was den Populismus so erfolgreich macht, sondern: Woraus bezieht die populistische Position ihre Stärke? Warum sind populistische Positionen für die Adressaten attraktiv? Die Attraktivität populistischer Positionen, die der politische Machtwerber einnimmt, ist keineswegs selbstverständlich, weil sich der bereits etablierte Machtwerber durch Eintreten für populistische Positionen in einen performativen Selbstwiderspruch verwickelt. Wer die Stärke der eigenen Position im gemeinen Volk aus der Denunzierung der Elite bezieht, sollte konsequenterweise nicht Teil der Elite sein. Ein Widerspruch, und das ist das Erstaunliche, der die Masse der Anhänger nicht stört und die Effektivität populistischer Rede nicht mindert. Der performative Selbstwiderspruch des elitären Populisten, der als gemeiner Volksgenosse die Stimmung des Volkes gegen die Eliten auf den Punkt bringt, kann sogar zum Vorteil gewendet werden. Nach erfolgreicher Machterlangung erlaubt der Widerspruch dem elitären Machthaber, Demut mit einem Hauch reumütiger Bekehrung zu demonstrieren.

„Der heutige Tag ist von besonderer Bedeutung", so Trump in seiner Inaugurationsrede vom 20. Januar 2017, „weil heute nicht bloß die Macht von einer Regierung, von einer Partei auf eine andere übertragen wird –, sondern wir übertragen die Macht von Washington D.C. und geben sie an Euch zurück, das amerikanische Volk". Dieses Versprechen wird sogleich gestützt durch die Aktivierung des heimlichen Volkszorns, des populistischen Ressentiments[3], das sich in der Selbstdefinition des Volkswillens in Negation zum projizierten Selbstverständnis der Elite ausdrückt. Trump weiter: „Zu lange hat eine kleine Gruppe in der Hauptstadt unserer Nation die Annehmlichkeiten einer Regierungsmacht genossen, während das Volk die Kosten zu tragen hatte." Washington und Politiker florierten, das Establishment hat sich selbst geschützt, zu Lasten der Bürger. Von dieser negativen Energie des Ressentiments beziehen populistische Positionen ihre Durchschlagskraft. Zum Schluss der Rede wird nochmals der populistische Kairos beschworen: „All das wird sich ändern – und es beginnt genau jetzt und genau hier, weil dieser Moment Euer Moment ist: er gehört Euch."[4]

Es war jedem, der hören wollte, klar, dass dies nicht der Wahrheit entspricht. Wie es auch jedem völlig bewusst war, dass die Versprechungen, die im Zuge der Brexit-Kampagne gemacht wurden, keinesfalls in vollem Umfang zu halten sind. Selbst aufgedeckte Unwahrheiten wurden akzeptiert. Das Eigentümliche populistischer Positionen, ob bei der Inaugurationsrede Trumps, beim Brexit oder in anderen Fällen, ist die offensichtliche Kontrafaktizität. An die Gunst des Volkes wird appelliert in einer Rede, die zwischen geschichtsmächtiger Vision und glatter Lüge changiert. Es bleibt offen, ob die in der populistischen Position vertretenen Behauptungen Tatsachenaussagen oder Idealbeschreibungen sind. Diesen besonderen Charakter der Kontrafaktizität populistischer Positionen, das Changieren zwischen *Ideal und Lüge*, gilt es zu bedenken. Denn aus dem Ressentiment allein, dem heimlichen Volksgroll der Modernitätsverlierer, Ungehörten und Ausgebeuteten, oder wie auch immer man vom Standpunkt der Elite aus das gemeine Volk, das dem Populismus verfallen ist, auch bezeichnen mag, erklärt sich die Kraft populistischer Positionen nicht.

3. Die normative Kraft des Kontrafaktischen

Zur Erklärung der Stärke und Attraktivität populistischer Positionen soll folgende These vorgeschlagen werden: *Populistische Positionen sind erfolgreich aufgrund der normativen Kraft des Kontrafaktischen.*

Populistische Positionen haben kein Monopol auf die normative Kraft des Kontrafaktischen. Sie partizipieren und nutzen die normative Kraft des Kontrafaktischen für ihre Sache. Dies wird erreicht durch ein ungeklärtes und schwer zu durchschauendes Verhältnis zwischen Ideal und Lüge, das das populistische Kommunikationsgeschehen kennzeichnet. Dies ist möglich, da sowohl die Lüge als auch das Ideal ihre Wirksamkeit aus der normativen Kraft der jeweils spezifischen Kontrafaktizität ihrer Behauptungen erhalten.

Die These von der *normativen Kraft des Kontrafaktischen* soll verstanden werden als komplementäres Gegenstück zu Georg Jellineks berühmter Wendung: *normative Kraft des Faktischen*. Die normative Kraft des Kontrafaktischen ist sozusagen die zweite Seite der normativen Kraft des Faktischen, eine Formulierung, die ihr Urheber, so der Sohn Walter Jellinek, „nicht einmal besonders wichtig genommen hat", da es sich um eine „kleine Erkenntnis" handelt, die der Vater in seiner „Allgemeinen Staatslehre" von 1900 aufzeichnete.[5] Eine so untergeordnete Rolle spielt die Feststellung der normativen Kraft des Faktischen aber nicht, da die Erkenntnis der normativen Kraft des Faktischen nicht nur für die „Einsicht in Entwicklung von Recht und Sittlichkeit", wie Georg Jellinek schreibt, „höchste Bedeutung" hat. Auch „für das Dasein der Rechtsordnung" gibt die „Einsicht in die normative Kraft des Faktischen erst das rechte Verständnis".[6]

Bei der Erkenntnis der normativen Kraft des Faktischen handelt es sich um die Erfahrung, dass ein tatsächlich Seiendes die Tendenz hat, auch als ein Seinsollendes empfunden zu werden. Es handelt sich um eine psychologische Beobachtung, die, wie Jellinek vorschlägt, „man in voller Reinheit beim Kinde studieren" kann. Nämlich die „Tendenz das Faktische zum Normalen zu erheben. […] Das Kind verlangt die einmal vorgenommene Erzählung mit denselben Wendungen wieder zu hören; jede Abweichung von diesen wird als Fehler gerügt."[7] Nicht nur das Kind, sondern der Mensch allgemein hat die Tendenz, das sich ständig Wiederholende als ein So-sein-Sollen, als richtig und daher als normativ aufzufassen. Zusammenfassend schreibt Jellinek über die normative Kraft des Faktischen: „Der Ursprung der Überzeugungen von dem Dasein normaler Verhältnisse liegt in einem bestimmten psychologisch bedingten Verhalten des Menschen zu den faktischen Vorgängen. Der Mensch sieht das ihn stets Umgebende, das von ihm fortwährend Wahrgenommene, das ununterbrochen von ihm Geübte nicht nur als Tatsache, sondern auch als Beurteilungsnorm an, an der er Abweichendes prüft, mit der er Fremdes richtet."[8] Die Richtigkeit dieser Feststellung wird man kaum bezweifeln können. Den vernünftigen Grund der normativen Kraft des Faktischen zu suchen hält G. Jellinek für aussichtslos und verkehrt, da es sich bei der Erkenntnis um eine Einsicht in eine „nicht weiter ableitbare Eigenschaft unserer Natur" handelt.[9]

Wie verhält es sich nun bei der These von der normativen Kraft des *Kontrafaktischen?* Auch die komplementäre Behauptung ist in der Erfahrung gegründet. Niemand wird ernsthaft leugnen, dass die kontrafaktische Vorstellung eines Ideals normative Kraft besitzt. Auch wenn man weiß, dass das Ideal niemals erreicht werden kann, behält es seine richtungsweisende Kraft. Die normative Kraft des Ideals entspringt dem utopischen Charakter seiner vorgestellten, imaginierten Kontrafaktizität. Ein Mensch ohne Ideale, ohne die Imagination utopischer Kontrafaktizität ist schwer als überlebensfähig vorstellbar; ohne Ideale ist ein Mensch weder zur Hoffnung noch zur Kritik fähig. Diese Beobachtung kann man ebenfalls am Kind studieren. Nicht im Beharren auf dem Gewohnten und sich immer wieder gleich Wiederholenden der Erzählung, sondern im Protest und Aufbegehren gegen das stets Gleichbleibende. Die Abweichung von den gleichen Wendungen wird dann nicht als Fehler gerügt, sondern als freies Spiel gedanklicher Möglichkeiten *eingefordert.* Nicht nur das Kind, sondern der Mensch allgemein hat das natürliche Verlangen, das Faktische, das So-sein der Dinge nicht einfach zu akzeptieren. Der Mensch steht den Dingen von Natur aus auch kritisch gegenüber und antwortet auf das vorgegebene und als unveränderlich erscheinende So-Sein der Dinge mit einem idealen Gegenentwurf zur faktischen Wirklichkeit. Die Kritik am Faktischen impliziert bereits ein Ideal von dem, was Gegeben ist, an dem das Gegebene gemessen wird. Auch aus dem imaginierten, utopischen Ideal lässt sich ein Sollen ableiten. Ideale sind regulative Ideen, wie Kant sagt, keine Hirngespinste, sondern sie haben praktische Kraft und geben das Richtmaß unserer Handlungen vor.[10]

Das Ideal ist der eine Pol des Kontrafaktischen, auf den sich populistische Positionen beziehen. Der andere ist die Lüge. Auch die Kontrafaktizität der Lüge entwickelt eine normative Kraft, die sich populistische Positionen zu eigen machen.

4. Populistische Formen der Lüge: Vereinfachung, Gerücht und Wortbruch

Die Lüge als Kontrafaktizität verstanden, meint eine Tatsachenbehauptung, die wider besseres Wissen nicht mit dem Faktischen übereinstimmt. Die kontrafaktische Behauptung der Lüge ist demnach ein Verstoß gegen die Wahrhaftigkeit. Der Lügner liegt nicht nur falsch, sondern weiß, dass er oder sie mit der Behauptung falsch liegt. In dieser Form wird man die Lüge selten unverschleiert in populistischen Positionen antreffen. Denn der Machtwerber, der der offenen, glatten Lüge überführt wird, hat einen schweren Stand und wird alles Mögliche versuchen, von der Ablenkung, dem Gegenangriff, bis hin zur öffentlichen Beichte, um nicht aus dem Rennen geworfen zu werden.

In populistischen Positionen tritt die Lüge als Kontrafaktizität meist in der Gestalt der Vereinfachung, des Gerüchts und des Wortbruchs auf. Es kann nun der berechtigte Einwand erhoben werden, dass die Vereinfachung als solche ja keine Form der Lüge und keine Verletzung der Wahrhaftigkeit darstellt. Das ist richtig. Die Vereinfachung wird dann zur kontrafaktischen Behauptung einer Lüge, wenn sie nicht ausschließlich der notwendigen Komplexitätsreduktion dient, sondern dazu, den Sachverhalt absichtlich falsch darzustellen. Wenn es sich also um eine manipulative Komplexitätsreduktion im eigenen Interesse handelt.

Ein besonders häufiges Beispiel, das sich bei populistischen Positionen findet, ist die kausale Interpretation statistischer Daten zur Immigration und Verbrechensrate, obwohl nur eine korrelative Beziehung nachgewiesen werden kann. Auf den Punkt gebracht in der populistischen Behauptung: Zuwanderer sind häufiger kriminell. Die normative Kraft der kontrafaktischen Behauptung der Vereinfachung ergibt sich aus der gewollten Bestätigung eines persönlichen Vorurteils. Anders gesagt, es werden bewusst, oder unbewusst, jene Vereinfachungen angenommen, die die eigene Privatmeinung nun offiziell bestätigen. Stärker noch als in der Vereinfachung ist die normative Kraft des Kontrafaktischen im Fall des Gerüchts. Es ist fast unmöglich, einem gestreuten Gerücht die normative Kraft zu nehmen.[11] Je nachdrücklicher ein Gerücht dementiert wird, desto größer wird seine normative Kraft. Zu nennen ist noch der geplante Wortbruch. Der im Zuge der Brexit-Kampagne eklatanteste Wortbruch war das auf Bussen plakatierte Versprechen: „Wir geben der EU wöchentlich 350 Millionen Pfund, finanzieren wir damit unser Gesundheitssystem".[12] Bereits am Tag nach dem Referendum, am 24. Juni 2016, wurde dieses Versprechen als Fehler *(mistake)* bezeichnet und öffentlich gebrochen.

Der Wortbruch gehört neben dem Gerücht mit zum ältesten Instrumentarium der Realpolitik. Niccolò Machiavelli widmete dem Wortbruch sogar ein ganzes Kapitel seines politischen Fürstenspiegels *Il principe,* in der Erörterung der Frage (Kapitel 18): *Inwiefern ein Fürst sein Wort halten muss.* Machiavelli rät ausdrücklich zum Wortbruch unter bestimmten Umständen: „Ein kluger Fürst kann und darf daher sein Wort nicht halten, wenn die Beobachtung desselben sich gegen ihn selbst kehren würde und die Ursachen, die bewogen haben, es zu geben, aufhören."[13] Der Wortbruch ist eine schwerwiegende und schwierig zu beschönigende Lüge, wenn er einmal geschehen ist. Machiavelli untertreibt die moralische Schwere des gebrochenen Versprechens, indem er die Masse der Menschen als einfältig und vom Augenblick gesteuert abqualifiziert. Trotzdem gibt er zu bedenken, dass ein geplanter Wortbruch eines außerordentlichen Talents zur Beschönigung des nicht gehaltenen Wortes bedarf. Die Kunst, den Wortbruch zum eigenen Vorteil zu nutzen, besteht nach Machiavelli darin, dass der wortbrüchige Fürst es fertigbringt, den Anschein zu erzeugen, folgende Tugenden zu verkörpern: Mitleid, Treue, Menschlichkeit, Redlichkeit und Frömmigkeit. Gelingt es dem Fürsten, den Schein, im Besitz dieser Tugenden zu sein, glaubhaft beim Volk zu verankern, dann kann der Wortbruch ihm nichts anhaben. Denn, und das ist die Lehre aus Machiavellis Rat zum Wortbruch in bestimmten Situationen, die „Menschen urteilen im Ganzen mehr nach den Augen, als nach dem Gefühle."[14] Der Schein ist wichtiger als das Sein und sollten auch „Wenige merken, wie Du beschaffen bist, und diese Wenigen wagen es nicht, der Stimme des großen Haufens zu widersprechen […]".[15]

Der Wortbruch im Sinne einer Kontrafaktizität besitzt keine normative Kraft. Die erfolgreiche Beschönigung hingegen sehr wohl. Sie besteht in der Selbstzensur der kritischen Zweifler, die es nicht wagen, der Masse zu widersprechen. Die normative Kraft des Kontrafaktischen zeigt sich in der Form: *Es kann nicht sein, was nicht sein darf.* Ganz auf die normative Kraft dieser Kontrafaktizität vertrauend rät Machiavelli dem Prinzen daher getrost, auch den geplanten Wortbruch als nützliches politisches Werkzeug zu betrachten.

Sollte die These von der normativen Kraft des Kontrafaktischen auf die Stärke populistischer Positionen zutreffen, dann, so mein Vorschlag, ist die Frage, wie man dem Populismus erfolgreich begegnen kann, anders, nämlich selbstreflexiv zu stellen. Wie kann man dem eigenen Hang zu populistischen Positionen erfolgreich begegnen? Gerade dann, wenn die normative Kraft des Kontrafaktischen in Gestalt der manipulativen Vereinfachung, des Gerüchts und des geplanten Wortbruchs, gepaart mit der Energie des Ressentiments, bei einem selber spürbar wird.

Ausblick

Perspektiven der Auseinandersetzung mit dem Populismus in Religion, Politik und Gesellschaft

Walter Lesch

Die im vorliegenden Band versammelten Essays haben sich zum Ziel gesetzt, das schillernde Phänomen des Populismus in jeweils spezifischen thematischen Zusammenhängen zu analysieren und zu beurteilen. Es geht darum, möglichst viele Aspekte einer gesellschaftlichen Herausforderung zu begreifen, die nicht dadurch verschwindet, dass man die Augen vor unangenehmen Wahrheiten verschließt. Aus der Sicht der als Populisten Kritisierten dürfte das Vorhaben freilich mit Skepsis betrachtet werden. Ist von politisch korrekten Wissenschaftlerinnen und Wissenschaftlern aus Theologie und Ethik ein anderes Ergebnis zu erwarten als eine mehr oder weniger theoretisch aufgeblähte Verurteilung des Populismus, dem neuen Schmuddelkind der westlichen Demokratien? Die gebetsmühlenartige Wiederholung einer schon vorgefertigten und gefestigten Überzeugung wäre in der Tat zu wenig, um verkrustete Strukturen aufzubrechen. Wer an die Kraft der besseren Argumente glaubt, wird keine Mühe scheuen, auch dort ein Gespräch zu versuchen, wo angeblich längst keine Hoffnung auf Verständigung mehr besteht.

Auf dem öffentlichen Forum der politischen Debatte muss in der Sache hart und menschlich fair gestritten werden. Politische Gegner werden sich durch keine Charmeoffensive dazu bewegen lassen, ihre Meinung zu ändern und auf einen anderen Kurs einzuschwenken. Adressaten der Kontroverse sind vielmehr die Bürgerinnen und Bürger, die es in der Hand haben, über den Wahlzettel Signale zu senden und Mehrheiten zu organisieren.

1. Klare Abgrenzung gegen die Verharmlosung

Wenn über die politische Meinungsverschiedenheit hinaus eine klare Unverträglichkeit mit den Idealen einer freien Gesellschaft ausgemacht ist, empfiehlt sich die Strategie der Konfrontation und der klaren Fronten. Die Feinde der Demokratie, die Hassprediger und Gewalttäter verdienen keinen Respekt. Im Interesse des Überlebens einer als wertvoll erachteten Ordnung und im Interesse der Opfer von Hass und Gewalt sind Barrieren gegen die Aushöhlung des Rechtsstaats zu errichten. In diesem Schwarz-Weiß-Kontrast sind die Rollen der Schurken und der Helden klar verteilt. Opfer von Ausgrenzung und Demütigung empfinden es als blanken Hohn, wenn zum Verständnis für ihre Peiniger aufgerufen wird. In der französischen Redewendung „Alles verstehen heißt alles verzeihen“ *(Tout comprendre, c'est tout pardonner)* kommt das Problem einer grenzenlosen Empathie gut zum Ausdruck. Deshalb wird es auch als problematisch angesehen, den diffusen Oberbegriff des Populismus an die Stelle von viel eindeutiger negativ konnotierten Bezeichnungen wie „Rechtsextremismus“ zu setzen. Wer jedes Unrecht verstehen will, verzeiht bis zu einem gewissen Grad den Tätern und nimmt sie wieder in eine Kommunikationsgemeinschaft auf, aus der sie sich selbst verabschiedet hatten. Klare Verurteilungen sind unerlässlich, um kohärent und glaubwürdig zu bleiben und Grenzen gegen das Nichttolerierbare zu setzen.

Letztlich geht es bei der Auseinandersetzung mit dem Populismus auch um ein Ausloten dessen, was in einem demokratischen Rechtsstaat nicht verhandelbar ist: die Anerkennung der gleichen Würde aller unabhängig von Merkmalen der Herkunft oder der sexuellen Identität. Eine christliche oder säkulare Ethik, die sich diesen Grundsätzen des Universalismus verpflichtet weiß, muss unmissverständlich Position beziehen, um sich nicht der Verharmlosung oder der Komplizenschaft schuldig zu machen. Zur problematischen Seite dieser Entschiedenheit gehört unausweichlich die Tendenz zum moralischen Überlegenheitsgefühl, das wiederum eine unerträgliche Provokation in den Augen derer ist, die sich für eine Alternative zum etablierten Politikbetrieb einsetzen.

Im Prozess der Modernisierung von Weltbildern wurden Tabus immer mehr kritisiert und abgebaut. Wenn es nichts gibt, was nicht hinterfragt werden könnte, dann bleibt das Beharren auf letzten Gewissheiten und unverhandelbaren Normen erst recht begründungspflichtig. Die klaren Fronten werden dort aufgeweicht, wo die misstrauisch observierten Feinde der Demokratie zu subtileren Strategien übergegangen sind. Die Vertreter rechter Positionen wissen genau, auf welche Widerstände sie stoßen, wenn sie offen rassistische oder faschistische Ansichten artikulieren. Da im neorechten Diskurs beispielsweise rassistische Abwertungen durch die Forderung nach einem Nebeneinander unvereinbarer ethnischer Identitäten ersetzt werden, ist die Diskriminierung weniger offenkundig. Doch genau angesichts solcher Neudefinitionen gilt es wachsam zu bleiben, da es um die Definitionsmacht über Zugehörigkeit und Ausgrenzung geht.

Die Frage nach der nicht zu überschreitenden roten Linie im politischen Disput bleibt von unverminderter Aktualität. Diskriminierungen sind als solche zu entlarven, zu benennen und zu sanktionieren. Dabei kommt den Religionen eine große zivilgesellschaftliche Bedeutung zu, da sie über ein Repertoire moralischer Überzeugungen verfügen, die im besten Fall für die Achtung der gleichen Würde aller sensibilisieren. Wenn hier die Bruchstelle der Unvereinbarkeit mit menschenverachtenden Ideologien liegt, ist eine solche Klärung zu begrüßen.

2. Das Kontinuum der Ordnungsmodelle

Es liegt an der Unschärfe des Populismus-Begriffs, dass mit der Tabuisierung des extrem rechten Randes nicht das letzte Wort über subtilere Formen des Abgleitens in die Unfreiheit gesprochen ist. Populismus gibt es nicht nur in rechten und linken Extremformen, sondern auch auf einem Kontinuum, das von autokratischen Regimen bis zu parlamentarischen Demokratien reicht. In reibungslos funktionierenden Systemen repräsentativer Demokratie fallen Defizite erst auf, wenn das Volk sich durch die gewählten Vertreter nicht mehr verstanden fühlt und zum Protest gegen die abgehobene oder korrupte Elite aufruft. Genauso kann sich am anderen Rand des Spektrums, angesichts autoritärer Strukturen, Widerstand formieren, der seine Legitimation in der Stimme des Volkes hat, die von einer autokratischen Ideologie zum Verstummen gebracht wurde. In beiden Fällen kann man von populistischem Protest sprechen, der nicht aus dem Nichts entsteht, sondern sich stringent aus den Quellen der dem System zugrunde liegenden Theorie von der Autorität des Volkes speist. Ein Beispiel dafür aus dem nicht-politischen Bereich ist eine hierarchisch verfasste und klerikal dominierte Kirche, in der die Lehrautorität zum vermeintlichen Schutz des „einfaches Volkes" ausgeübt wird, das vor gefährlichen Irrtümern bewahrt werden soll. Die bevormundeten Laien sind jedoch theologisch nicht weniger legitimiert, wenn sie an der archaischen Machtkonstruktion rütteln und selbstbewusst „Wir sind Kirche" sagen.

Die Politikwissenschaftler Mudde und Rovira Kaltwasser haben in ihrer Theorie des Populismus die Gleichzeitigkeit von stimulierenden und repressiven Einflüssen populistischer Denkmuster auf den Prozess der Demokratisierung bzw. Entdemokratisierung hervorgehoben.[1] Dabei können sie zeigen, dass die Schädlichkeit bzw. belebende Kraft von populistischen Bewegungen in großem Maß von systemischen Rahmenbedingungen abhängig ist. Zur Relativierung populistischer Erfolge in westlichen Demokratien wird oft gesagt, dass ein Wahlerfolg von 20 % immerhin noch bedeute, dass 80 % der Bevölkerung mit den Anliegen einer solchen Partei nichts zu tun haben wollen. Das ist zwar mathematisch richtig, politisch aber naiv. Denn in einer zersplitterten Parteienlandschaft können auch kleine Gruppierungen erheblichen Einfluss gewinnen und sind mehr als das berühmte Zünglein an der Waage, das in die Zeiten alter Volksparteien mit stärkerer Bindekraft gehörte. Mit populistischen Neulingen in der politischen Szene werden die selbstverständlichen Ansprüche der Platzhirsche destabilisiert. Das kann heilsam sein, wenn Menschen eine Stimme bekommen, die bislang systematisch ausgrenzt waren. Es kann zum Problem werden, wenn mit moralischem Pathos auch die Regeln und Institutionen ins Wanken gebracht werden, die bisher zum Schutz der fundamentalen Rechte akzeptiert waren. Jede neue Inklusion kann um den Preis von Exklusion erkämpft werden, vor allem wenn sich das „Volk“ mit einem Alleinvertretungsanspruch partikularer Interessen inszeniert.

Ein instruktives Beispiel für die Metamorphosen und die „Normalisierung“ populistischer Programme ist in Flandern die Geschichte des *Vlaams Blok*, der wegen offensichtlicher rassistischer Ansichten 2004 gerichtlich verboten wurde und sich als *Vlaams Belang* mit etwas weniger aggressivem Profil und mit der Konzentration auf das separatistische

Anliegen, die Zerstörung des belgischen Bundesstaates, neu gründete. Die anderen Parteien begegneten ihm mit einer Politik des *cordon sanitaire,* also der Verweigerung von Zusammenarbeit in Parlamenten und Regierungen. Inzwischen hat die 2001 gegründete *Nieuw-Vlaamse Alliantie* unter Führung von Bart De Wever das Potential der extrem rechten Protestwähler weitgehend geschluckt und zum Niedergang des *Vlaams Belang* beigetragen, allerdings um den Preis, dass Reste des kritisierten Erbes nun in einer sich liberal gebenden „Volkspartei" in Flandern und auch durch Regierungsbeteiligung auf Bundesebene mit weiterhin dezidiert separatistischer Agenda salonfähig sind. Die *N-VA* gerät regelmäßig mit kirchlichen Positionen in Konflikt, wenn es etwa um Einwanderungspolitik und um die Förderung religiöser Toleranz im schulischen Bereich geht. Die belgische Situation ist deshalb besonders lehrreich, weil das übliche Spektrum der Ideologien noch durch den Separatismus überlagert wird, der eine weitere Facette des Sprechens im Namen eines kulturell und sprachlich definierten „Volkes" sichtbar macht. Dessen traditionell katholische Prägung verflüchtigt sich zwar; als einigendes Band bietet sich aber eine islamophobe Grundhaltung an, so dass Religionspolitik als polemisches Thema präsent bleibt.

Die Idee eines Kontinuums populistischer Interventionsmöglichkeiten in einem breiten Spektrum politischer Modelle bleibt also ambivalent, auch wenn sich Gesprächsmöglichkeiten für Verständigungsprozesse auftun, die mit der These einer strikten Unvereinbarkeit von Christentum und Populismus nicht gegeben sind. Die Warnung vor einer Verharmlosung oder Relativierung von für Demokratie und Pluralismus gefährlichen Strömungen bleibt aber im Raum. Weil die wie ein Mantra rezitierte Beschwörungsformel wider die verführerischen Kräfte des Populismus kein Problem aus der Welt schafft, bleibt nur der Weg einer offensiven Beschäftigung mit den Themen, die weh tun:

- die irritierende Präsenz populistischer Topoi in religiösen Traditionen;
- die Verunsicherung durch das Versagen politischer Eliten und durch die Krise demokratischer Institutionen;
- die Entstehung von Parallelgesellschaften und sich identitär verstehenden Gemeinschaften;
- die Lähmung durch Exzesse von Gewalt, Hass, Rassismus und Autoritarismus;
- die Schwierigkeit im Umgang mit der Vielfalt der Kulturen, Religionen und Lebensformen und die Notwendigkeit einer robusten Dialogkultur, deren Protagonisten nicht auf dem religiösen Auge blind sind.

Es sieht so leicht aus, all diese beängstigenden Entwicklungen aus der sicheren Distanz eines gefestigten Weltbildes zu verurteilen. Schwieriger ist das Gespräch mit Menschen, die aus einer Vielzahl von Gründen mit populistischen Deutungsmustern sympathisieren.

3. Politische Bildung und Aufklärung

Der für das Christentum interessante Lernprozess im Umgang mit dem Populismus scheint vor allem dort zu liegen, wo ohne gegen andere erhobenen moralischen Zeigefinger der Blick auf die eigene Empfänglichkeit für populistische Tendenzen gerichtet werden kann. So bietet sich die Gelegenheit zur Anwendung aufklärerischer Prinzipien auf die eigene Tradition, die noch mitten in dem dynamischen Prozess steht, mehr Demokratie und mehr Freiheit zu wagen, sich von autoritätsfixierten Beschränkungen zu emanzipieren und die komplexen Rollenerwartungen in Politik und

Zivilgesellschaft auszuloten. Mit der Positionierung in Migrationsfragen haben sich die christlichen Kirchen in einer Weise exponiert, die zwangsläufig Klärungen in anderen ethischen Bereichen nach sich ziehen wird, um die Botschaft von einem menschenfreundlichen Gott glaubwürdig zu vertreten und zu praktizieren. Mit den marktgängigen Angeboten einer spirituellen Wohlfühlreligion hat eine solche christliche Praxis wenig zu tun.

Aus der Auseinandersetzung mit dem Populismus werden die Kirchen verändert hervorgehen: aufgeklärter, selbstkritischer, demokratischer, verantwortungsbewusster, wirklichkeitsnäher und mit einer deutlichen Absage an menschenverachtende Ideologien. Das wäre nicht das schlechteste Ergebnis einer Kontroverse, in der Menschen mit dem Ernstfall des Glaubens in einer offenen Gesellschaft konfrontiert werden. Es ist die Zumutung eines erwachsenen und streitbaren Christentums, das um sein Versagen und seine Schuldgeschichte weiß und mit den Verbindlichkeiten des Menschenrechtsethos in globalen Zusammenhängen zu denken und zu handeln versucht. In diesen Dimensionen kann es keine einfachen Antworten auf komplizierte Fragen geben, erst recht keine simplen Rezepte, die unabhängig von den jeweiligen gesellschaftlichen und politischen Kontexten überall in gleicher Weise anzuwenden wären. Auch dafür wollen die Beiträge dieses Buches durch das Einbringen unterschiedlicher Länderperspektiven Aufmerksamkeit wecken.

In der Reaktion auf populistische Herausforderungen muss die christliche Sozialethik aus der Komfortzone einer belehrenden und abstrakten Moralpredigt herauskommen. Sie ist gefordert, argumentativ und praktisch Rechenschaft abzulegen von den Gerechtigkeitsidealen und von der universalistischen Hoffnung, die ihre Kraftquellen und ihre unbequemen Maßstäbe sind. Die kategorische Abwehr oder

Dämonisierung einer als gefährlich eingestuften politischen Tendenz ist leicht. Schwierig wird es, wenn Überzeugungsarbeit für eine als besser erachtete Politik zu leisten ist: realistisch im Umgang mit der Wucht überfordernder religiöser Ideale, nah bei den betroffenen Menschen und informiert auf der Grundlage wissenschaftlich fundierter Analysen.

Anmerkungen

Religion und Populismus: Blinde Flecken der Wahrnehmung

Walter Lesch

1 Zur Einführung: *J.-W. Müller,* Was ist Populismus? Ein Essay, Berlin 2016; *C. Mudde/C. Rovira Kaltwasser,* Populism. A Very Short Introduction, Oxford 2017.

2 Vgl. zu den blinden Flecken des politischen Liberalismus *M. Walzer,* Vernunft, Politik und Leidenschaft. Defizite liberaler Theorie, Frankfurt a. M. 1999.

3 Vgl. *D. Müller,* La gauche, la droite et l'éthique. Jalons protestants et œcuméniques face aux défis de la liberté, Paris 2012.

4 Vgl. *S. A. Strube,* Rechtsextremen Tendenzen begegnen. Handreichungen für Gemeindearbeit und kirchliche Erwachsenenbildung, Freiburg i. Br. 2013; *Dies.* (Hrsg.), Rechtsextremismus als Herausforderung für die Theologie, Freiburg i. Br. 2015; *S. Orth/V. Resing* (Hrsg.), AfD, Pegida und Co. Angriff auf die Religion?, Freiburg i. Br. 2017.

5 So etwa auf dem AfD-Parteitag in Köln am 22. Mai 2017 und im Umfeld des Evangelischen Kirchentages 2017, ebenfalls im Mai, wo um den adäquaten Umgang mit AfD-Funktionären gestritten wurde.

Wider die Instrumentalisierung des Christentums. Zur Unvereinbarkeit von neorechter Ideologie und christlicher Moral

Hans Schelkshorn

1 Vgl. dazu *A. de Benoist,* Der Aufstand der Kulturen: europäisches Manifest für das 21. Jahrhundert, Berlin 1999, 36–38; 41–44.

2 *A. de Benoist,* Demokratie: Das Problem, Tübingen/Zürich/Paris 1986, 18.

3 Ebd., 24.

4 Ebd., 116f.

5 Ebd., 24f.
6 *J. Haider,* Die Freiheit, die ich meine, Frankfurt a. M./Berlin 1994, 224.
7 Ebd., 87–89.
8 *J.-W. Müller,* Wo Europa endet. Ungarn, Brüssel und das Schicksal der liberalen Demokratie, Berlin 2012, 28f.
9 Zitiert nach *G. Mayer,* Umstrittene Blut-und-Boden-Rede Orbáns, in: Der Standard (4.10.2012): http://derstandard.at/1348284885395/ [20.5.2017].
10 Das Interview findet sich in der „Weltwoche" (Nr. 46/Dez. 2015).
11 Dies ist der Kern von Jan-Werner Müllers Theorie des „Populismus"; vgl. dazu *J.-M. Müller,* Was ist Populismus? Ein Essay, Berlin 2016.
12 Eine englische Übersetzung ist auf der homepage der ungarischen Regierung zugänglich: http://www.kormany.hu/en/the-prime-minister/the-prime-minister-s-speeches/viktor-orban-s-speech-at-the-14th-kotcse-civil-picnic [20.5.2017].
13 Vgl. dazu *J. Maritain,* Christlicher Humanismus. Politische und geistige Fragen einer neuen Christenheit, Heidelberg 1950 (Erstausgabe in Spanisch 1934); *Ders.*, Die Menschenrechte und das natürliche Gesetz, Bonn 1951 (französische Erstausgabe 1942).
14 *J. Maritain,* Christentum und Demokratie, Augsburg 1949, 49.
15 Vgl. dazu *H. Schelkshorn,* Entgrenzungen. Ein europäischer Beitrag zum Diskurs über die Moderne, Weilerswist 2009, 205–298.
16 *A. Camus,* Der Ungläubige und die Christen, in: Ders., Fragen der Zeit, Reinbek bei Hamburg 1997, 65–70. Vgl. dazu *H. Schelkshorn,* Albert Camus' Appell an die Christen, in: Ders./F. Wolfram/R. Langthaler (Hrsg.), Religion in der globalen Moderne. Philosophische Erkundungen, Wien 2014, 193–215.
17 *A. Camus,* Der Ungläubige und die Christen (s. Anm. 16), 70.
18 Ebd., 69.

„Volk" als kritischer Topos der Theologie
Gerhard Kruip

1 Weitere Informationen zu diesen Treffen auf http://movimientospopulares.org/castellano/ [7.6.2017].
2 Siehe z. B. bei *K. Priester,* Rechter und linker Populismus. Annäherung an ein Chamäleon, Frankfurt a. M. 2012. Vgl. *A. Lob-Hüdepohl,* „Wir sind das Volk!" – Demokratisch oder populistisch?

(Arbeitspapiere des ICEP 01/2017), Berlin 2017, dem ich den Hinweis auf Priester entnehme.

3 Zum Folgenden v. a. *N. Werz*, Alte und neue Populisten in Lateinamerika, in: Ders. (Hrsg.), Populismus. Populisten in Übersee und Europa, Opladen 2003, 45–64.

4 Siehe hierzu insbesondere *F. Mallimaci/V. Goménez Béliveau*, Argentinien, in: J. Meier/V. Straßner (Hrsg.), Lateinamerika und Karibik (Kirche und Katholizismus seit 1945, 6), Paderborn 2009, 409–432. Besonders Kritiker der Befreiungstheologie rücken diese stark in die Nähe des Peronismus, so etwa *R. Bosca*, La Iglesia nacional peronista. Factor religioso y poder político, Buenos Aires 1997.

5 Siehe hierzu genauer *G. Kruip*, „Die Befreiung und die Förderung der Armen“ (EG 187). Zum lateinamerikanischen Hintergrund von Papst Franziskus (Kirche und Gesellschaft 408), Mönchengladbach 2014.

6 *L. Zanatta*, Un papa peronista?, in: Il Mulino (2016), 240–249. Hier wie bei allen Zitaten aus fremdsprachigen Texten in eigener Übersetzung.

7 Ebd., 242.

8 Für weitere Informationen siehe z. B. *B. Kern*, Theologie der Befreiung (UTB 4027), Tübingen 2013.

9 Für mehr Informationen siehe *M. Eckholt*, „... bei mir erwächst die Theologie aus der Pastoral“. Lucio Gera – ein „Lehrer in Theologie“ von Papst Franziskus, in: Stimmen der Zeit (2014), 157–172.

10 *J. C. Scannone*, Weisheit und Befreiung. Volkstheologie in Lateinamerika, Düsseldorf [1]1992, 20. Vgl. auch *J. C. Scannone*, ‚Peuple‘ et ‚populaire‘. Réalité sociale, pratique pastorale et réflexion théologique en Argentine, in: Nouvelle Revue Théologique (1986), 860–877.

11 *J. C. Scannone*, Weisheit und Befreiung (s. Anm. 10), 127.

12 Siehe den Untertitel von *J. Sobrino*, Resurrección de la verdadera Iglesia. Los pobres, lugar teológico de la eclesiología, Santander 1981. Auch andere Theologen haben das spirituelle Potenzial des einfachen Volkes erkannt und zum Thema gemacht, z. B. *G. Gutiérrez*, Aus der eigenen Quelle trinken. Spiritualität der Befreiung (Fundamentaltheologische Studien 12), München 1986 oder *L. Boff*, Theologie hört aufs Volk. Ein Reisetagebuch, Düsseldorf [3]1987.

13 Dazu auch *J. C. Scannone*, Weisheit und Befreiung (s. Anm. 10), 134–135.

14 So in ebd., 62–65.

15 *F. Hartleb*, Internationaler Populismus als Konzept. Zwischen Kommunikationsstil und fester Ideologie, Baden-Baden 2014, 148, wobei er den Begriff der „umgekehrten Psychoanalyse" von Leo Löwenthal bezieht.

Krise der Repräsentation – Ende der Demokratie?
Daniel Bogner

1 https://www.bundestag.de/service/glossar/glossar/R/repraes_demo/247326 [26.6.2017].

2 *R. Smend*, Staatsrechtliche Abhandlungen und andere Aufsätze, Berlin 1955, 189. Zitiert nach: *A. Thumfart*, Repräsentation, in: S. Gosepath/W. Hinsch/B. Rössler (Hrsg.), Handbuch der Politischen Philosophie und Sozialphilosophie, Bd. 2, Göttingen 2008, 1113–1117, 1115.

3 *C. Schmitt*, Verfassungslehre, Berlin 1957, 212. Zitiert nach: *A. Thumfart*, Repräsentation (s. Anm. 2), 1115.

4 *B. Latour*, Wir sind nie modern gewesen. Versuch einer symmetrischen Anthropologie, Frankfurt a. M., 2008 (1991), 41.

5 *A. Thumfart*, Repräsentation (s. Anm. 2), 1114.

6 Vgl. *H. Batt*, Direktdemokratie im internationalen Vergleich, in: APuZ 10 (2006), 10–17.

7 Das gilt im Übrigen auch für Formen der (halb-)direkten Demokratie, wie etwa die Schweiz. Gerade der Modus direkter, basisdemokratischer Repräsentation sogenannter Interessen zeigt, wie sehr diese den Prozessen medialer Artikulation unterliegen. Die am Zustandekommen eines bestimmten Ergebnisses interessierten Kräfte haben angesichts der Letztinstanz „Stimmvolk" oft leichteres Spiel für die Manipulation von Stimmung und Meinung als im parlamentarischen Gesetzgebungsverfahren, in dem dessen institutionelle „Filterinstanzen" vorgeschaltet sind.

8 Diese Entwicklungen vorwegnehmend hat Bruno Latour schon früh auf die Kontingenz der klassischen Repräsentationsbeziehungen hingewiesen und für deren Erweiterung plädiert: Vgl. *Ders.*, Wir sind nie modern gewesen (s. Anm. 4), sowie: *Ders.*, Das Parlament der Dinge, Frankfurt a. M. 2001 (1999).

9 *J. Butler*, Anmerkungen zu einer performativen Theorie der Versammlung, Berlin 2016 (2015), 26.
10 Vgl. ebd., 201ff.
11 Vgl. ebd., 212.
12 Ebd., 211.
13 Ebd., 222.
14 Eine einschlägige Deutung erfährt diese „prise de parole“ durch Michel de Certeau, in Bezug auf die Ereignisse des Mai 1968 in Paris: *Ders.*, La prise de parole. Et autres écrits politiques, Paris 1994 (1968).

Neue Theorien radikaler Demokratie auf dem Prüfstand
Wolfgang Palaver

1 Vgl. *W. Palaver*, Populismus – Gefahr oder hilfreiches Korrektiv für die gegenwärtige Demokratie?, in: Jahrbuch für christliche Sozialwissenschaften 54 (2013), 131–154.
2 *C. Crouch*, Postdemokratie, Frankfurt a. M. 2008.
3 *T. Judt*, Dem Land geht es schlecht. Ein Traktat über unsere Unzufriedenheit, München 2011, 152.
4 *W. Palaver*, Rechtspopulismus in Europa als Herausforderung für die christliche Sozialethik, in: Amosinternational 6 (2012), 27–35.
5 *J.-W. Müller*, Was ist Populismus? Ein Essay, Berlin 2016, 129.
6 *C. Mouffe*, Agonistik. Die Welt politisch denken, Berlin 2014, 181.
7 Ebd., 14; 39.
8 *J.-W. Müller*, Populismus (s. Anm. 5), 117–123.
9 *C. Mouffe/M. de la Riva*, „Politik ist von Gegensätzen geprägt“: Interview, in: Der Standard Nr. 8594, 17.5.2017, 22.
10 *Franziskus/G. di Lorenzo*, „Ich kenne auch die leeren Momente“. Was bedeutet Glaube? Ein ZEIT-Gespräch, in: Die Zeit Nr. 11, 9.3.2017, 13–15, 15.
11 *C. Crouch*, Postdemokratie (s. Anm. 2), 155.
12 *S. Žižek*, Ein Plädoyer für die Intoleranz, Wien 1998, 97.
13 Ebd., 30; vgl. *J. Rancière*, Das Unvernehmen. Politik und Philosophie, Frankfurt a. M. 2011, 14–32.
14 *C. Mouffe*, Über das Politische. Wider die kosmopolitische Illusion, Frankfurt a. M. ^{3}2009, 89.
15 Ebd., 24.

16 *C. Mouffe,* „Postdemokratie" und die zunehmende Entpolitisierung, in: Aus Politik und Zeitgeschichte 61 (2011) 3–5, 4.
17 *C. Mouffe,* Agonistik (s. Anm. 6), 39.
18 *E. Laclau/C. Mouffe,* Hegemonie und radikale Demokratie. Zur Dekonstruktion des Marxismus, Wien [3]2006.
19 *C. Mouffe,* Agonistik (s. Anm. 6), 22f.
20 *Franziskus,* Apostolisches Schreiben *Evangelii Gaudium,* Bonn 2013, Nr. 183; vgl. Nr. 275; *Franziskus,* Enzyklika *Laudato si'* über die Sorge für das gemeinsame Haus, Bonn 2015, Nr. 13, 61, 71.
21 *Pius XI.*, Quadragesimo anno (1931), in: Bundesverband der Katholischen Arbeitnehmer-Bewegung Deutschlands (Hrsg.), Texte zur katholischen Soziallehre. Die sozialen Rundschreiben der Päpste und andere kirchliche Dokumente, Bornheim 1992, 61–122, Nr. 114.
22 *Johannes Paul II.*, Centesimus annus (1991), ebd., 689–764, Nr. 14.
23 *Franziskus,* Evangelii gaudium (s. Anm. 20), Nr. 226.
24 Ebd., Nr. 53.
25 *Franziskus,* Laudato si' (s. Anm. 20), Nr. 90.
26 Ebd., Nr. 179.
27 *E. Laclau/C. Mouffe,* Hegemonie, Macht und Rechtspopulismus. Ein Gespräch (1998): http://www.episteme.de/htmls/MouLac.html [5.6.2017].
28 *C. Mouffe,* Politische (s. Anm. 14), 30.
29 Ebd., 33.
30 *C. Mouffe,* Agonistik (s. Anm. 6), 82.
31 *C. Schmitt,* Die geistesgeschichtliche Lage des heutigen Parlamentarismus, Berlin [6]1985, 88.
32 *Franziskus,* Evangelii gaudium (s. Anm. 20), Nr. 228.
33 *Franziskus/G. di Lorenzo,* ZEIT-Gespräch (s. Anm. 10), 15.
34 *W. Palaver,* Religion(en) und Friede: Wege zur universalen Geschwisterlichkeit, in: C. Sedmak (Hrsg.), Frieden: Vom Wert der Koexistenz, Darmstadt 2016, 223–244.

Christliche Sozialkultur zwischen Kommunitarismus und Individualisierung
Marianne Heimbach-Steins

1 Vgl. *H. Bude,* Gesellschaft der Angst, Hamburg 2014.
2 Vgl. *M. Heimbach-Steins/A. Filipovic/J. Becker/M. Behrensen/T. Wasserer,* Grundpositionen der Partei „Alternative für Deutschland" und der Katholischen Soziallehre im Vergleich (ICS AP

Nr. 8), Münster 2017: https://www.uni-muenster.de/imperia/md/content/fb2/c-systematischetheologie/christlichesozialwissenschaften/heimbach-steins/ics-arbeitspapiere/ics_ap_8_afd_kathsl.pdf [11.6.2017].

3 *Z. Bauman,* Die Angst vor den anderen. Ein Essay über Migration und Panikmache, Frankfurt a. M. 2017, 24.

4 Vgl. *M. Heimbach-Steins,* Grenzverläufe gesellschaftlicher Gerechtigkeit. Migration – Zugehörigkeit – Beteiligung, Paderborn 2016, 80–83.

5 Vgl. v. a. *J. B. Metz,* Glaube in Geschichte und Gesellschaft, Mainz ^{5}1992.

6 Ein Auszug aus der Rede findet sich online hier: http://www.unifr.ch/iso/assets/files/Gaudet_Mater.pdf [11.6.2017].

7 Vgl. Für eine Zukunft in Solidarität und Gerechtigkeit, Text-Nr. 94.

Prekäre Lebensverhältnisse und das Heilsversprechen kollektiver Identitäten
Walter Lesch

1 *H. Bude,* Die Ausgeschlossenen. Das Ende vom Traum einer gerechten Gesellschaft, München 2008.

2 *O. Nachtwey,* Die Abstiegsgesellschaft. Über das Aufbegehren in der regressiven Moderne, Berlin 2016.

3 Vgl. *H. Geiselberger* (Hrsg.), Die große Regression. Eine internationale Debatte über die geistige Situation der Zeit, Berlin 2017.

4 *A. Koschorke,* Wenn das Warten kein Ende nimmt, in: Die Zeit Nr. 16 vom 12. April 2017, 42.

5 *O. Nachtwey,* Abstiegsgesellschaft (s. Anm. 2), 126f. (zur „Rolltreppe nach unten" als Gegenbild zu dem schon erwähnten „Fahrstuhleffekt").

6 *B. Giesen/R. Seyfert,* Kollektive Identität, in: Aus Politik und Zeitgeschehen 63, 13–14/2013, 39–43.

7 *J. Greene,* Moral Tribes. Emotion, Reason, and the Gap between Us and Them, New York 2013.

8 Vgl. den Entwurf einer differenzierten Typologie: *C. Emcke,* Kollektive Identitäten. Sozialphilosophische Grundlagen, Frankfurt a. M./New York 2000, ^{2}2010.

Wider den Populismus! Zur Verantwortung menschenrechtsbasierter Sozialer Arbeit
Andreas Lob-Hüdepohl

1 Prototypisch ist die Aussage Hermann Görings „Wer Jude ist, bestimme ich“, mit der er *jüdische* Deutsche willkürlich *arisierte,* wenn es ihm opportun erschien. Umgekehrt können diejenigen willkürlich stigmatisiert werden, die – aus welchen Gründen auch immer – aus der ‚Volksgemeinschaft‘ ausgeschlossen werden sollen (vgl. *V. Koop,* „Wer Jude ist, bestimme ich“. Ehrenarier im Nationalsozialismus, Köln 2014).
2 Vgl. *A. Zick u. a.*, Gruppenbezogene Menschenfeindlichkeit in Deutschland 2002–2016, in: Ders. u. a., Gespaltene Mitte. Feindselige Zustände. Rechtsextreme Einstellungen in Deutschland 2016, Bonn 2016, 33–81.
3 „Die Auseinandersetzung mit Rechtsextremismus ist untrennbarer Teil Sozialer Arbeit!“ Ein Gespräch mit dem Moraltheologen Andreas Lob-Hüdepohl und der Erziehungswissenschaftlerin Heike Radvan, in: Miteinander gegen Hass, Diskriminierung und Ausgrenzung. Eine Handreichung der Wohlfahrtsverbände zum Umgang mit Rassismus, Antisemitismus und Rechtsextremismus. Hrsg. von AWO Bundesvorstand u. a., Berlin 2017, 20–30: https://www.awo.org/sites/default/files/2017-07/170609%20Web%20Handreichung%20der%20Verbände-Miteinander.pdf [14.7.2017].
4 Vgl. Handreichung (s. Anm. 3).
5 Vgl. http://www.sueddeutsche.de/politik/rechtsruck-in-deutschland-im-gespraech-mit-afd-sympathisanten-1.3325411 [2.6.2017].
6 Vgl. *W. Fröhlich,* Gruppenbezogene Menschenfeindlichkeit in Bayern, München 2016, 39ff. Vgl. auch *A. Lob-Hüdepohl,* Die Angst vor dem Anderen. Verdeckte und offene Fremdenfeindlichkeit in Kirche und Gesellschaft, in: M. Heimbach-Steins (Hrsg.), Zerreißprobe Flüchtlingsintegration, Freiburg i. Br. 2017, 70–82.
7 „Social work is a practice-based profession and an academic discipline that promotes social change and development, social cohesion, and the empowerment and liberation of people. Principles of social justice, human rights, collective responsibility and respect for diversities are central to social work“ (*International Federation of Social Workers,* Melbourne 2014).
8 Auf diesen Mangel haben die großen Träger der Freien Wohlfahrtspflege reagiert, indem sie in ihrer Arbeitshilfe (vgl. Anm. 3) solche und ähnliche ‚Standardsituationen‘ aufgreifen

und – auch mit Verweis auf zahlreiche weiterführende Materialien – detaillierte Reaktionsmuster skizziert.

9 Vgl. etwa die Beiträge in *S. Bundschuh u. a.* (Hrsg.), Wegweiser Jugendarbeit gegen Rechtsextremismus. Motive, Praxisbeispiele und Handlungsperspektiven, Schwalbach 2010; *S. Borrmann*, Soziale Arbeit mit rechten Jugendcliquen. Grundlage zur Konzeptentwicklung, Wiesbaden ^{2}2006.

10 Vgl. prominent *F. J. Krafeld*, Die Praxis Akzeptierender Jugendarbeit. Konzepte, Erfahrungen, Analysen aus der Arbeit mit rechten Jugendcliquen, Opladen 1996.

11 Vgl. *H. Buchstein u. a.* (Hrsg.), Rechtsextremismus in Ostdeutschland. Demokratie und Rechtsextremismus im ländlichen Raum, Bad Schwalbach 2010.

Islamophobie und die Kulturalisierung und quasi-religiöse Färbung von Bürgerschaft in den Niederlanden

Christoph Baumgartner

1 Teile dieses Beitrags basieren auf einem Artikel, in dem ich die gegenwärtige Debatte um religiöse Diversität in den Niederlanden und ihre historischen Hintergründe etwas ausführlicher darstellen konnte. Siehe *C. Baumgartner*, Religiöse Diversität in den Niederlanden. Zwischen historischer Signatur und gesellschaftlicher Herausforderung, in: Amosinternational 10 (2016), 24–33.

2 *P. Dronkers*, Interpreting Multiculturalism in the Netherlands: Nation-Building, Civic Allegiance and Multiple Belonging, in: P. Balint et al. (Hrsg.), Liberal Multiculturalism and the Fair Terms of Integration, Houndsmill 2013, 126–138, 128.

3 Siehe dazu *A. Molendijk*, Versäulung in den den Niederlanden: Begriff, Theorie, lieu de mémoire, in: F. W. Graf/K. Große Kracht (Hrsg.), Religion und Gesellschaft. Europa im 20. Jahrhundert, Köln 2007, 307-327 sowie *P. van Rooden*, Religieuze regimes. Over godsdienst en maatschappij in Nederland 1570–1990, Amsterdam 1996.

4 *P. van der Veer*, Pim Fortuyn, Theo van Gogh, and the Politics of Tolerance in the Netherlands, in: H. de Vries/L. E. Sullivan (Hrsg.), Political Theologies: Pubic Religions in a Post-Secular World, New York 2006, 527-538, 534.

5 *C. Schuh et al.*, Contested Secularities: Religious Minorities and Secular Progressivism in the Netherlands, in: Journal of Religion

in Europe 5 (2012), 349–383, 366. Siehe auch *J. Kennedy,* Bezielende Verbanden. Gedachten over religie, politiek en maatschappij in het moderne Nederland, Amsterdam 2010, 47 und *P. Dronkers,* De tolerantie natie en haar ‚multireligieuze drama', in: P. van Dam/J. Kennedy/F. Wielenga (Hrsg.), Achter de zuilen. Op zoek naar religie in naoorlogs Nederland, Amsterdam 2014, 155–176, 162.

6 Ich kann an dieser Stelle nicht auf die Entwicklung des Rechtspopulismus in den Niederlanden eingehen, die in den 1990er Jahren als Kritik auf die damals vorherrschende Einwanderungs- und Integrationspolitik begann. Der Rechtspopulist Geert Wilders ist in seiner Polemik gegen den Islam derzeit zwar der auffälligste und extremste Sprecher in den Niederlanden. Mitte-rechts Parteien wie die Volkspartei für Freiheit und Demokratie VVD des Ministerpräsidenten Mark Rutte und der Christen Democratisch Appèl CDA haben jedoch Teile seiner Positionen inzwischen in ihre Programme übernommen.

7 Zum Folgenden siehe *R. Brubaker,* Between nationalism and civilizationalism: the European populist movement in comparative perspective, in: Ethnic and Racial Studies 40 (2017), 1191–1226.

8 Zur Kulturalisierung von Bürgerschaft siehe *M. Slootman/J. W. Duyvendak,* Feeling Dutch: The Culturalization and Emotionalization of Citizenship and Second-Generation Belonging in the Netherlands, in: N. Foner/P. Simon (Hrsg.), Fear, Anxiety, and National Identity, New York 2015, 147–168. Die Kulturalisierung von Bürgerschaft wird in der sozialwissenschaftlichen Literatur nicht exklusiv mit dem Rechtspopulismus verbunden, sondern beschreibt einen Prozess in konkreten gesellschaftlichen Institutionen.

9 *P. Dronkers,* De tolerantie natie (s. Anm. 5), 170 sowie *M. Slootman/J. W. Duyvendak.* Feeling Dutch (s. Anm. 8).

10 *P. Geschiere,* The Perils of Belonging. Autochthony, Citizenship, and Exclusion in Africa and Europe, Chicago und London 2009, 166. Geschiere beschreibt hier die Implikationen der Kulturalisierung von Bürgerschaft in den Niederlanden; er befürwortet die „Kannibaliserung" keineswegs selbst.

11 Siehe dazu etwa *M. de Leeuw/S. van Wichelen,* Institutionalizing the Muslim Other: *Naar Nederland* and the Violence of Culturalism, in: P. Essed/I. Hoving (Hrsg.) Dutch Racism, Amster-

dam 2014, 337–354 sowie *O. Verkaaik,* Ritueel Burgerschap, Amsterdam 2009.

12 Siehe dazu *R. Brubaker,* Between nationalism and civilizationism (s. Anm. 7) und *E. van den Hemel,* (Pro)claiming Tradition: The ‚Judeo-Christian' Roots of Dutch Society and the Rise of Conservative Nationalism, in: R. Braidotti et al. (Hrsg.), Transformations of Religion and the Public Sphere. Postsecular Publics, New York 2014, 53–76.

13 *R. Brubaker,* Between nationalism and civilizationism (s. Anm. 7), 1199.

14 Ebd.

15 *E. van den Hemel,* (Pro)Claiming Tradition (s. Anm. 17), 61.

16 *R. Brubaker,* Between nationalism and civilizationism (s. Anm. 7), 1200.

17 Liav Orgad behandelt dieses „Paradox des Liberalismus" in Kapitel 4 seines Buches „The Cultural Defense of Nations". Orgad argumentiert, dass eine Betonung von Kultur als Kriterium bei der Zulassung von Immigrantinnen und Immigranten illiberal und ist und damit nicht den Ansprüchen genügen kann, an denen sich freiheitlich-demokratische Gesellschaften messen lassen müssen. Siehe *L. Orgad,* The Cultural Defense of Nations. A Liberal Theory of Majority Rights, Oxford 2015, 135–166.

Kritik des Autoritarismus
Michelle Becka

1 *T. W. Adorno,* Studien zum autoritären Charakter, Frankfurt a. M. ^{4}1973, 41–43. Erhebungszeitraum Januar 1945 bis Juni 1946.

2 Ebd., 3.

3 Vgl. *O. Rathkolb,* Neuer politischer Autoritarismus, in: Aus Politik und Zeitgeschichte 44-4572011: http://www.bpb.de/apuz/59723/neuer-politischer-autoritarismus?p=all [5.5.2017].

4 *M. Becker-Huberti,* Das christliche Abendland ist Fikition: http://www.katholisch.de/aktuelles/aktuelle-artikel/das-christliche-abendland-ist-fiktion [5.5.2017].

5 *V. Weiß,* Die autoritäre Revolte. Die neue Rechte und der Untergang des Abendlandes, Stuttgart 2017, 186.

6 Ebd., 187–221.

7 Ebd., 221.

8 Vgl. ebd., 220.

9 *C. Schmitt*, Der Begriff des Politischen, 26: http://libarch.nmu.org.ua/bitstream/handle/GenofondUA/7442/426bb5fc43544183be1cd568caa62fd6.pdf?sequence=1&isAllowed=y [5.5.2017].

10 Ebd., 40.

11 *C. Schmitt*, Theorie des Partisanen, 84–86: http://www.diana-wagner.com/KuWi/Dokumente/Schmitt,%20Carl-Theorie%20des%20Partisanen.pdf [5.5.2017].

12 Ebd,. 92.

13 *J. Schwab*, Theorie des globalen Partisanen: https://sachedes-volkes.wordpress.com/2010/06/25/theorie-des-globalen-partisanen/ [5.5.2017].

14 *V. Weiß*, Die autoritäre Revolte (s. Anm. 5), 213–221. Weiß führt zahlreiche Beispiele dazu an. Er weist außerdem darauf hin, dass es laut Jürgen Elsässer Überlegungen gab, Pegida statt „Patriotische Europäer gegen die *Islamisierung* des Abendlandes" sich gegen die *Amerikanisierung* zu wenden. Doch die Islamisierung sei die drängendere Gefahr, die auch konkreter sei und daher eher die Massen mobilisieren könne.

15 Weiß bemerkt zurecht, dass der Begriff der Identität schon immer zum Denken der Rechten gehört, aber vor allem in Deutschland erst in jüngerer Zeit prominent geworden ist. Das Identitätskonzept hebt sich dabei deutlich von einem republikanischen Identitätskonzept ab, das auf der Akzeptanz gemeinsamer Werte beruht. Vgl. *V. Weiß*, Die autoritäre Revolte (s. Anm. 5), 99; 101.

16 Vgl. die „Mitte-Studien": *O. Decker/E. Brähler*, Ein Jahrzehnt der Politisierung: Gesellschaftliche Polarisierung und gewaltvolle Radikalisierung in Deutschland zwischen 2006 und 2016, in: O. Decker u. a. (Hrsg.), Die enthemmte Mitte. Autoritäre und rechtsextreme Einstellungen in Deutschland, Gießen 2016, 95–136. Hier werden sechs verschiedene Milieus unterschieden und Veränderungen hinsichtlich der Radikalisierung von 2006 bis 2016 herausgestellt.

„Make America Great Again" – Rechtspopulismus in den USA
Hille Haker

1 https://www.splcenter.org/ [2.6.2017].

2 *J.-W. Müller*, Was Ist Populismus? Ein Essay, Berlin 2016.

3 Zur Geschichte der armen Weißen, die in Europa im 19. Jahrhundert von Marx als das „Lumpenproletariat" bezeichnet wur-

den, vgl. die aufschlussreiche historische Studie von *N. Isenberg*, White Trash: The 400-Year Untold History of Class in America, New York 2016.

4 Vgl. zum Beispiel die empirische Studie zum Aufstieg der Tea Party seit 2009, die diese These mit ausführlichen Literaturhinweisen unterstreicht: *M. Feinberg/R. Willer/R. Wetts*, Threats to Racial Status Promote Tea Party Support among White Americans, Working Paper No. 3422, May 4, 2016: https://www.gsb.stanford.edu/faculty-research/working-papers/threats-racial-status-promote-tea-party-support-among-white [2.6.2017].

5 http:// www.nbcnews.com/politics/2016-election/poll-persistent-partisan-divide-over-birther-question-n627446 [2.6.2017].

6 http://www.factcheck.org/2017/01/eight-years-of-trolling-obama/ [2.6.2017].

7 https:// www.washingtonpost.com/local/immigration-arrests-up-during-trump/2017/05/17/74399a04-3b12-11e7-9e48-c4f199710b69_story.html?utm_term=.2d84008e95cc [2.6.2017].

8 *A. Russell Hochschild*, Strangers in Their Own Land: Anger and Mourning on the American Right, New York 2016.

9 *J. Wallis*, America's Original Sin: Racism, White Privilege, and the Bridge to a New America, Grand Rapid 2016.

10 Vgl. zum Rassismus im Strafsystem *H. Haker*, Sicherheit und Strafsystem, in: M. Becka (Hrsg.), Ethik im Justizvollzug, Stuttgart 2014, 117–146.

Das Aufbrechen von Stereotypen. Lernerfahrungen aus der Geschichte des jüdisch-christlichen Gesprächs

Christian Staffa

1 *W. Gerlach*, Als die Zeugen schwiegen, Berlin 1993, 376.

2 *D. Bonhoeffer*, Ethik (1941) (Dietrich Bonhoeffer Werke 6), München 1992, 95.

3 *A. Pangritz*, Helmut Gollwitzer als Theologe des Dialogs: https://www.ev-theol.uni-bonn.de/fakultaet/ST/lehrstuhl-pangritz/pangritz/copy5_of_texte-zum-download/helmut-20gollwitzer–20100.pdf [6.6.2017].

4 *J. Ebach*, Bibelarbeit zu Dtn. 6: Hören auf das, was Israel gesagt ist – hören auf das, was in Israel gesagt ist, Hannover 2005: http://www.kirchentag2005.de/presse/dokumente/dateien/BAB_17_061.pdf [6.6.2017].

Populismus und Genderfragen. Die Angst vor der Unordnung der Geschlechter
Regina Ammicht-Quinn

1 Madame darf endlich Hosen tragen: http://www.spiegel.de/panorama/in-paris-ist-es-nach-214-jahren-fuer-frauen-legal-hosen-zu-tragen-a-881300.html [27.5.2017].
2 Sie sind ein würdeloses Weib! http://www.haz.de/Hannover/Aus-der-Stadt/Uebersicht/Erste-Frau-mit-Hosen-im-Bundestag [27.5.2017].
3 *P. Munzinger*, Polizeipatrouille am französischen Strand – verhüllte Frau zieht Oberteil aus, 14. August 2016: http://www.sueddeutsche.de/panorama/polizeipatrouille-an-franzoesischem-strand-verhuellte-frau-zieht-oberteil-aus-1.3134119 [27.5.2017].
4 Zit. n. *C. Schubert*, Aufregung um Burkini-Kontrollen am Strand, 24.8.2016: http://www.faz.net/aktuell/politik/ausland/europa/polizeikontrolle-in-frankreich-heizt-burkini-debatte-an-14403656.html [27.5.2017].
5 *T. de Maizière*, Leitkultur für Deutschland – Was ist das eigentlich? http://www.zeit.de/politik/deutschland/2017-04/thomas-demaiziere-innenminister-leitkultur/komplettansicht [27.5.2017].
6 *L. Fekete*, Enlightened fundamentalism? Immigration, feminism and the right, in: Race & Class, Vol. 48/2 (2006), 1–22, 7–9.
7 *L. Fekete*, Enlightened fundamentalism? (s. Anm. 6), 10. Vgl. hier auch die Analysen von *A. Towns/E. Karlsson/J. Eyre*, The equality conundrum: Gender and nation in the ideology of Sweden Democrats, in: Party Politics, Vol. 20/2 (2014), 237–247.
8 https:// www.dbk.de/fileadmin/redaktion/diverse_downloads/presse_2015/2015-187a-Flyer-Gender.pdf [27.5.2017].
9 *R. Voderholzer*, Gender light gibt es nicht – Der Begriff ist das Einfallstor für mit dem christlichen Glauben nicht vereinbare Positionen: http://www.bistum-regensburg.de/news/gender-light-gibt-es-nicht-der-begriff-ist-das-einfallstor-fuer-mit-dem-christlichen-glauben-nicht-vereinbare-positionen-4149/ [31.1.2015].
10 Vgl. dazu *D. Mulinari/A. Neergaard*, Racist dreams and municipal budgets: women representing a culturally racist party in local politics, in: Social Identities, Vol. 21 (2015), No. 5, 506–523, 507.
11 Alles Zitate aus dem Grundsatzprogramm der AfD: https://www.alternativefuer.de/wp-content/uploads/sites/7/2016/05/2016-06-27_afd-grundsatzprogramm_web-version.pdf [27.5.2017].

12 *T. W. Adorno/M. Horkheimer*, Dialektik der Aufklärung. Philosophische Fragmente, Frankfurt a. M. 1988.
13 *S. M. Okin*, Is multiculturalism bad for women?, in: S. M. Okin/M. Nussbaum/J. Cohen/M. Howard, Is multiculturalism bad for women? Princeton 1999, 9–24. Der Text erschien ursprünglich in Boston Review 1997.
14 *S. M. Okin*, Multiculturalism (s. Anm. 12), 22f.
15 Vgl. *J. Butler*, Körper von Gewicht. Die diskursiven Grenzen des Geschlechts, Berlin 1995, z. B. 41.
16 Vgl. z. B. http://www.theologe.de/transsexuelle_evangelische_pfarrer.htm [20.5.2016].
17 *J. Roughgarden*, Evolution's Rainbow. Diversity, Gender and Sexuality in Nature and People, Berkeley/Los Angeles/London 2004.
18 Vgl. dazu *L. Volpp*, Feminism versus Multiculturalism, Columbia Law Review, Vol. 101, No. 5 (Juni 2001), 1181–1218.
19 https:// www. bmfsfj.de/bmfsfj/aktuelles/presse/pressemitteilungen/wenn-das-eigene-zuhause-nicht-sicher-ist—gewalt-in-paarbeziehungen/112658 [27.5.2017].
20 *D. Oberwittler/J. Kasselt*, Ehrenmorde in Deutschland. Eine systematische Untersuchung ehrbezogener Tötungsdelikte in Familien und Partnerschaften zwischen 1996 und 2005, in: Polizei und Forschung, Bd. 42, hrsg. v. Bundeskriminalamt, Köln 2011, 77.
21 *Z. Bauman*, Symptome auf ihrer Suche nach ihrem Namen und ihrem Ursprung, in: H. Geiselberger (Hrsg.), Die große Regression. Eine internationale Debatte über die geistige Situation der Zeit, Berlin 2017, 37–56, 37.

Die normative Kraft des Kontrafaktischen. Populistische Positionen zwischen Ideal und Lüge

Michael Hoelzl

1 Demokratien sind nur dann populistische Systeme, wenn die Verfassung des demokratischen Rechtsstaates ignoriert wird. Ein österreichischer Präsidentschaftskandidat warb einst mit dem populistischen Satz: *Das Recht geht vom Volk aus*. Entspricht die österreichische Demokratie daher einem populistischen System? Nein. In der österreichischen Bundesverfassung heißt es nämlich (Art. 1): „Österreich ist eine demokratische Republik. *Ihr* Recht geht vom Volk aus." Das Recht geht also von

der Verfassung und nicht von einer wie auch immer direkt demokratisch erhobenen Willensäußerung der Mehrheit aus.

2 Die Wendung *Vox populi, vox Dei,* kann man in Büchmanns *Geflügelten Worten* nachlesen, geht auf Hesiod zurück (*Werke und Tage,* vv. 763–764): „Nie wird ganz ein Gerücht sich verlieren, das vielerlei Volkes / häufig im Munde geführt; denn ein Gott ist das Gerücht selbst". *G. Büchmann,* Geflügelte Worte, München 1959, 51.

3 Der Begriff des Ressentiments wird ganz im Sinne Nietzsches epochaler Umwertung aller Werte verstanden. Einer Umwertung bei der die Schlechten zu Guten und die einst Guten zu Bösen werden. Im Kern betrifft das Ressentiment Nietzsches den psychologischen Mechanismus der „Selbstdefinition durch Fremddenunziation". Eine Kurzformel, die ich Gesprächen mit Rainer Bucher verdanke.

4 Remarks of President Donald J. Trump – as prepared for delivery Inaugural Address, Friday, January 20, 2017, Washington D. C.: https://www.whitehouse.gov/inaugural-address [12.6.2017]. [Dt. Übers. M. H.].

5 *W. Jellinek,* Die normative Kraft des Faktischen: Zu Georg Jellineks 100. Geburtstag am 16. Juni 1951, in: JuristenZeitung 6/11 (1951), 347–348.

6 *G. Jellinek,* Allgemeine Staatslehre, Berlin ^{3}1914, 338f.

7 Ebd.

8 Ebd., 387.

9 Ebd., 338.

10 Vgl. *I. Kant,* Kritik der reinen Vernunft (Sämtliche Werke 1), Leipzig 1919, 494f.

11 S. Anm. 2.

12 „We send the EU £ 350 million a week – let's fund our NHS instead. Vote leave. Let's take back control." [Dt. Übers. M. H.]

13 *N. Machiavelli,* Der Fürst, Stuttgart 1975, 91–93, 91.

14 Ebd., 93.

15 Ebd.

Perspektiven der Auseinandersetzung mit dem Populismus in Religion, Politik und Gesellschaft
Walter Lesch

1 *C. Mudde/C. Rovira Kaltwasser,* Populism. A Very Short Introduction, Oxford 2017, 87 (schematischer Überblick).

Die Autorinnen und Autoren

Ammicht-Quinn, Regina, Professorin für Ethik und Leiterin des Internationalen Zentrums für Ethik in den Wissenschaften (IZEW), Universität Tübingen.

Baumgartner, Christoph, Universitätsdozent für Ethik am Departement Filosofie en Religiewetenschap, Universiteit Utrecht.

Becka, Michelle, Professorin für Christliche Sozialethik an der Katholisch-Theologischen Fakultät, Universität Würzburg.

Bogner, Daniel, Professor für Allgemeine Moraltheologie und Ethik an der Theologischen Fakultät, Universität Fribourg.

Haker, Hille, Professorin für Theologische Ethik (Richard McCormick Endowed Chair of Catholic Moral Theology) am Department of Theology, Loyola University Chicago.

Heimbach-Steins, Marianne, Professorin für Christliche Sozialwissenschaften und sozialethische Genderforschung sowie Direktorin des Instituts für Christliche Sozialwissenschaft an der Katholisch-Theologischen Fakultät, Universität Münster.

Hoelzl, Michael, Lecturer für Religionsphilosophie am Department of Religions and Theology, University of Manchester.

Kruip, Gerhard, Professor für Christliche Anthropologie und Sozialethik an der Katholisch-Theologischen Fakultät, Universität Mainz.

Lesch, Walter, Professor für Sozialethik und Moralphilosophie an der Theologischen Fakultät und am Institut für Philosophie, Université catholique de Louvain.

Lob-Hüdepohl, Andreas, Professor für Theologische Ethik, Katholische Hochschule für Sozialwesen Berlin.

Mandry, Christof, Professor für Moraltheologie und Sozialethik am Fachbereich Katholische Theologie, Universität Frankfurt.

Palaver, Wolfgang, Professor für Christliche Gesellschaftslehre an der Katholisch-Theologischen Fakultät, Universität Innsbruck.

Schelkshorn, Hans, Professor für Christliche Philosophie an der Katholisch-Theologischen Fakultät, Universität Wien.

Staffa, Christian, Studienleiter für Demokratische Kultur und Kirche, Evangelische Akademie zu Berlin.